Das Institut
für ausländisches öffentliches Recht
und Völkerrecht in Berlin

gibt folgende Veröffentlichungen heraus:

„Beiträge zum ausländischen öffentlichen Recht und Völkerrecht“

Diese Sammlung von Einzelschriften aus dem Arbeitsgebiet des Instituts erscheint in zwangloser Reihenfolge und enthält wissenschaftliche Abhandlungen, Materialsammlungen, Übersetzungen besonders wertvoller ausländischer Werke u. a.

„Zeitschrift des ausländischen öffentlichen Rechts und Völkerrechts“,

Der erste Band der Zeitschrift ist im Druck. Er enthält wissenschaftliche Abhandlungen aus dem Gebiete des Völkerrechts und des ausländischen Staats- und Verwaltungsrechts von deutschen und ausländischen Mitarbeitern. Der Materialteil wird aus denselben Gebieten in systematischer Anordnung Urkunden im Wortlaut und kurz dokumentierte Berichte bringen.

Anfragen jeder Art, die sich auf die genannten Veröffentlichungen des Instituts beziehen, sind zu richten an Professor Dr. Viktor Bruns, Berlin C 2, Schloß, Portal III.

Die Herausgeber.

Institut für ausländisches öffentliches Recht
und Völkerrecht

Beiträge
zum
ausländischen öffentlichen Recht und Völkerrecht

Herausgegeben in Gemeinschaft mit
Friedrich Glum, Ludwig Kaas, Erich Kaufmann, Rudolf Smend, Heinrich Triepel
von
Viktor Bruns

Heft 10

Berlin und Leipzig 1928

Walter de Gruyter & Co.

vormals G. J. Göschen'sche Verlagshandlung — J. Guttentag, Verlagsbuchhandlung
Georg Reimer — Karl J. Trübner — Veit & Comp.

Beiträge zum ausländischen öffentlichen Recht und Völkerrecht
Herausgegeben vom
Institut für ausländisches öffentliches Recht und Völkerrecht in Berlin
Heft 10

Die Beziehungen zwischen dem Parlament und den Gerichten in England

Eine rechtsvergleichende Studie

Von

Heinrich B. Gerland

Berlin und Leipzig 1928
Walter de Gruyter & Co.
vormals G. J. Göschen'sche Verlagshandlung — J. Guttentag, Verlagsbuchhandlung
Georg Reimer — Karl J. Trübner — Veit & Comp.

Die Beziehungen zwischen dem Parlament und den Gerichten in England

Eine rechtsvergleichende Studie

Von

Heinrich B. Gerland

Berlin und Leipzig 1928

Walter de Gruyter & Co.

vormals G. J. Göschen'sche Verlagshandlung — J. Guttentag, Verlagsbuchhandlung
Georg Reimer — Karl J. Trübner — Veit & Comp.

Druck von Walter de Gruyter & Co., Berlin W 10.

Vorwort.

Wenn ich mich nach langen Jahren einem früheren Arbeitsgebiet wieder zugewandt habe, so geschah das nicht, weil mich die Erforschung und Darstellung des englischen Rechtes als solchem reizte. Ausgangspunkt und Endziel meiner Arbeit ist vielmehr das deutsche Recht und seine Entwicklung. Daß man aber bei den zur Bearbeitung stehenden Problemen geradezu zwangsläufig auf das englische Recht geführt wird, ergibt sich ohne weiteres; handelt es sich doch bei der Frage der Beziehungen zwischen Parlament und Gericht nur um ein Teilproblem der umfassenderen Frage der Durchführung und Ausgestaltung des Parlamentarismus. Unzweifelhaft birgt diese weitere Frage noch eine Fülle von anderen, hier nicht behandelten Problemen, die gleichfalls für unser deutsches Recht von grundlegender Bedeutung sind. Denn wir können aus dem englischen Staatsleben das beherrschende Prinzip des Parlamentarismus nicht einfach formal übernehmen, ohne uns über die Methode seiner Durchführung in der Praxis, die mir das Entscheidende zu sein scheint, klar zu werden, ohne sie mit zu übernehmen oder doch mindestens zu ihr kritisch Stellung zu nehmen. Daß dies, jedenfalls von der deutschen Parlamentspraxis, nicht in hinreichendem Maße geschehen ist, kann eigentlich nicht geleugnet werden. Und viele von den heute nicht zu Unrecht gegen unseren Parlamentarismus erhobenen Vorwürfen sind zu Unrecht erhoben, wenn man an das Prinzip denkt, zu Recht dagegen, wenn man die Frage der praktischen Durchführung ins Auge faßt. Nun hat Cohn bei seiner Stellungnahme zum englischen Parlamentarismus sehr Recht, wenn er darauf hinweist, daß es durchaus unwissenschaftlich ist, ein Prinzip einmal auf das Lebhafteste zu preisen, um es dann wiederum ohne weiteres zu verwerfen. Aufgabe der wissenschaftlichen Kritik ist zu erforschen, unter welchen Bedingungen das Prinzip in dem Land, in dem es seine höchste Blüte entfaltet hat, durchgeführt ist. Denn die Methode seiner Anwendung ist das Entscheidende, und man kann ohne sie den englischen Parlamentarismus als solchen überhaupt nicht verstehen.

Wenn ich somit ein Teilproblem, das in letzter Zeit aus bekannten Ursachen in der deutschen Öffentlichkeit vielfach besprochen ist, bearbeitet habe und diese Arbeit nun der Öffentlichkeit übergebe, so möchte ich wünschen, daß es namentlich von denen, die für die Entwicklung des deutschen Parlamentsrechtes in erster Linie verantwortlich sind, d. h. von den deutschen Parlamentariern unvoreingenommen geprüft werde. Wieweit allerdings die Unterschiede zwischen dem englischen und dem deutschen Parlamentsrecht gehen, wird sich im vollen Umfang erst dann nachweisen lassen, wenn die Organisation des englischen Parlamentes zur Darstellung gebracht wird, eine Arbeit, die trotz Redlichs meisterhafter Darstellung des englischen Parlamentsverfahrens noch geschrieben werden muß. Ich hoffe, daß mir meine sonstigen Verpflichtungen gestatten, mich in nicht zu ferner Zeit mit diesem Problem befassen zu können. Daß bei derartigen Arbeiten übrigens die rein objektive Erfassung des englischen Rechtsstoffes die eigentliche Aufgabe ist, ist so selbstverständlich, daß es kaum hervorgehoben zu werden braucht.

Indem ich aber die nachstehenden Untersuchungen veröffentliche, ist es mir eine angenehme Pflicht, denen zu danken, die diese Arbeit ermöglicht haben. In unseren schweren Zeiten wäre es ohne die tatkräftige Unterstützung des Reichsjustizministeriums und der Notgemeinschaft unmöglich gewesen, die für die Arbeit erforderlichen Studien an Ort und Stelle vorzunehmen. Daß mir das Reichsjustizministerium und die Notgemeinschaft diese Möglichkeit gegeben haben, dafür darf ich meinen herzlichsten Dank aussprechen, einen Dank, der in erster Linie den verständnisvollen Förderern meiner Gedanken gilt, Herrn Staatssekretär Dr. Joel und Herrn Staatsminister Dr. Schmitt-Ott.

Und auch meinen englischen Freunden, die mir bei der schwierigen Arbeit der Stoffsammlung stets in bereitwilligster Weise geholfen haben, gilt mein Dank. Ich kann nicht alle Namen nennen. Aber einen Namen muß ich nennen: Sir Claude Schuster schulde ich so wertvolle und fördernde Hinweise bei meiner Arbeit, daß er mir gestatten mag, ihm an dieser Stelle für seine Hilfe meinen wärmsten Dank auszusprechen.

Endlich danke ich meinem lieben und treuen Mitarbeiter, der mir wie in vergangenen Zeiten so auch diesmal wertvolle Dienste geleistet hat, meiner Frau. Unermüdlich im Sammeln des Stoffes in den schönen Arbeitsräumen des British Museum hat sie sich der schwierigen Aufgabe der Korrektur des Werkes mit unterzogen, namentlich in Hinblick auf die ausgedehnten englischen Zitate. Indem ich ihr hierfür auch vor der Öffentlichkeit herzlichst danke, kann ich nur das vor Jahren Geschriebene wiederholen: sie war mir auch diesmal wieder »ein froher Reisegefährte und treuer Mitarbeiter«.

Jena, 5. 5. 1928.

Heinrich B. Gerland.

Inhaltsverzeichnis.

Abkürzungen.

Todd = Todd, On Parliamentary Government in England, 2nd Ed. 1887.

E. May = E. May, A Treatise on the Law, Privilege, Proceedings and Usage of Parliament, 13th Ed. 1924.

Gerland = Gerland, Die englische Gerichtsverfassung. Eine systematische Darstellung. 1910.

Halsbury = Halsbury, Earl of, The Laws of England.

Redlich = Redlich, Recht und Technik des englischen Parlamentarismus 1905.

3 H. D. vol. 352 p. 1854 = Hansard's Parliamentary Debates 3. Serie Bd. 352 Kolumne 1854.

Anson = Anson, Law and Custom of the Constitution vol. I, 5th Ed. 1922, vol. II p. 1 und 2, 3d Ed. 1908.

Dicey = Dicey, Introduction of the study of the Law of the Constitution 8th Ed. 1915.

Standing Orders = Standing Orders of the House of Commons.

Standing Orders Lords = Standing Orders of the House of Lords.

ER. = Entscheidungen des Reichsgerichtes.

§ 1. I. Einleitung und Fragestellung.

I. 1. a) Wenn es die Aufgabe der Gerichte ist, Fragen, deren Regelung nach rechtlichen Normen zu erfolgen hat, vor sich zur Entscheidung zu bringen, damit mithin die Doppelaufgabe zu lösen, historische Tatbestände, soweit dies notwendig ist, festzustellen und auf sie dann im weiteren das Recht der Zeit zur Anwendung zu bringen, so begreift sich, daß, wenn eine dem objektiven Recht entsprechende Entscheidung getroffen werden soll, dies nur in durchaus objektiver, lediglich durch das Recht und die maßgeblichen Tatsachen bedingter Art geschehen kann. Da nun die Verantwortung für die Objektivität der Entscheidung in letzter Linie nur bei dem liegen kann, der die Entscheidung zu fällen hat, so begreift sich ohne weiteres, daß die Unabhängigkeit der Entscheidung, damit die Unabhängigkeit der Gerichte als Korrelattatsache zu der Objektivität der Entscheidung eine Tendenz war, die man im staatlichen Leben bewußt oder unbewußt eigentlich zu allen Zeiten angestrebt hat [1]), die man namentlich in der Zeit nicht vorhandener Unabhängigkeit mehr oder weniger leidenschaftlich als Forderung an den Staat aufgestellt hat [2]). Diese Unabhängigkeit nun der Entscheidung ist es, die man im Auge hat, wenn man von der Unabhängigkeit der Gerichte spricht. Und es begreift sich diese Unabhängigkeit einmal als Unabhängigkeit der Gerichtsbehörde, als eine Zuständigkeit mithin von unbedingter Ausschließlichkeit, ferner als eine Unabhängigkeit des Richters, dessen Entscheidung, von keiner Seite her bestimmbar, allein von ihm ausgeht und ihn allein belastet. Ausschließliche Zuständigkeit und ausschließliche Verantwortlichkeit sind mithin die beiden Inhalte der richterlichen Unabhängigkeit [3]).

---

[1]) In dieser Richtung sind sehr interessant die historischen Ausführungen, die sich in der Rede von Lowe zur Frage der Unabhängigkeit der indischen Richter 3 H. D. vol. 135 p. 416 et seq. finden.

[2]) Eine wertvolle und interessante Darstellung der Geschichte der Entwicklung der richterlichen Unabhängigkeit gibt Kern, Der gesetzliche Richter 1927. Vgl. ferner auch Anschütz Meyer, Deutsches Staatsrecht 6. Aufl. S. 628.

[3]) Vgl. zu dem Begriff und Inhalt der richterlichen Unabhängigkeit neuerdings die ausgezeichneten Ausführungen von Jacoby, 34. Deutscher Juristentag Bd. I S. 76 ff., ferner auch Rosenfeld ebendort S. 112.

b) Zu allen Zeiten angestrebt, war die richterliche Unabhängigkeit selbstverständlich in jenen Zeiten völlig durchgeführt, in denen, wie in den Zeiten des deutschen Volksprozesses, die Rechtsprechung bei der Gemeinde, beim Volk lag. Auf das Ernsthafteste in Frage gestellt, wenn nicht ganz beseitigt unter der Herrschaft des absoluten Staates tritt uns das Prinzip der Unabhängigkeit in den Zeiten des Rechtsstaates als eines der klar erkannten, klar ausgesprochenen Staatsgrundprinzipien entgegen. Ja, man kann geradezu sagen, daß sich die Rechtsstaatsidee auf dem Gebiet des Gerichtsrechtes als die Unabhängigkeitsidee verwirklichen mußte, wie sie sich denn auch in den modernen Kulturstaaten, die unter der Herrschaft der Rechtsstaatsideen stehen, auch stets verwirklicht hat. Selbstverständlich schließt aber die Tatsache, daß der Richter seine Entscheidung selbständig und ohne jede Beeinflussung von dritter Seite zu fällen hat, nur, wie § 1 GVG. Art. 102 RV. sagen, dem Gesetz unterworfen ist, eine weitere Tätigkeit bestimmter Staatsorgane auf dem Gebiet der staatlichen Justiztätigkeit nicht aus. Denn die Unabhängigkeit der Gerichte ist, wie wir gesehen haben, ihrer Richtung nach prozessual beinhaltet. In der Gerichtstätigkeit erschöpft sich aber die Justiztätigkeit des Staates mit nichten, und so tritt neben die eigentliche prozessuale Tätigkeit der Gerichte die Tätigkeit der Justizverwaltung, die ebenfalls eigentliche Justiztätigkeit ist. Soweit nun die heutigen Gerichte Staatsgerichte sind, hat der Staat die Verantwortung nicht zwar für die Entscheidung des Einzelfalles, wohl aber dafür, daß Einzelfälle als solche entschieden werden. Und so besitzt der Staat und muß der Staat besitzen das Recht der Justizaufsicht über die Gerichte, das er natürlich nur durch andere Organe als die in Betracht kommenden Einzelgerichte, über die die Aufsicht ja gerade auszuüben ist, ausüben kann. Auch die restlos durchgeführte Unabhängigkeit der Rechtsprechung schließt keineswegs eine gewisse Dienstaufsicht des Staates aus, die als solche aber niemals die Unabhängigkeit der Gerichte selbst tangieren oder in Frage stellen darf.

2. a) α) Die ausgeführten Sätze sind Staatsgrundsätze der modernen Kulturstaaten, in denen sie sich indessen noch keineswegs allzulange durchgesetzt haben [1]), begreiflich genug, wenn man bedenkt, daß der absolute Staat erst in verhältnismäßig später Zeit dem Rechtsstaat gewichen ist. Die Unabhängigkeit der Gerichte ist somit auch in dem deutschen Verfassungsrecht Staatsgrundprinzip. Wir finden sie ganz allgemein angeordnet für Reich und Länder,

---

[1]) Vgl. namentlich Kern, Gesetzlicher Richter S. 45—145.

und zwar nach der doppelten Richtung hin, einmal, daß die Richter verpflichtet werden, nur nach dem Gesetz zu entscheiden [1]), ferner, daß es verboten ist, jemandem seinen gesetzlichen Richter zu entziehen oder Ausnahmegerichte einzusetzen [2]). Die Justizverwaltung einschließlich der Justizaufsicht wird durch diese Bestimmungen nicht berührt; sie ist vielmehr aufrechterhalten und wird ausgeübt einmal durch das Reich, ferner durch die Länder und zwar von den letzteren in Beziehung auf die Gerichtstätigkeit eben des einzelnen Landes. Durch welche Organe Reich und Land im einzelnen verfassungsmäßig befugt sind, tätig zu werden namentlich die Justizaufsicht auszuüben, ist eine Frage, auf die hier im einzelnen ebensowenig eingegangen werden soll, als auf die andere Frage, welche Mitglieder der Behörde Gericht an dem Vorrecht der Unabhängigkeit teilzunehmen berechtigt sind [3]). Ebenso muß die Frage unberührt bleiben, ob den Gerichten und wieweit ihren Mitgliedern Verwaltungsaufgaben übertragen werden können, bei deren Erfüllung sie nicht unabhängig, sondern von den Dienstanweisungen ihrer vorgesetzten Behörde abhängig zu handeln haben [4]). Es genügt, in diesem Zusammenhang festzustellen, daß nach heutigem Recht keine Staatsgewalt befugt ist, sei es direkt, sei es indirekt, das zuständige Gericht in seiner Entscheidung zu beeinflussen oder zu bestimmen, wie andrerseits auch der Staat vorbehaltlich der Begnadigungsmöglichkeit unbedingt an das rechtskräftige Urteil des deutschen Gerichtes gebunden ist, mag es ihm gefallen oder auch nicht gefallen [5]). Und es mag dieser Satz gleich hier in der Richtung

---

[1]) Vgl. § 1 GVG., Art. 102 RV.; daß diese Bestimmungen Pflichten begründen, nicht aber Rechte verleihen, sollte namentlich heute nicht übersehen werden.

[2]) Vgl. § 16 GVG., Art. 105 RV.

[3]) Vgl. hierzu Wach, Handbuch des deutschen Zivilprozesses Bd. I S. 311. Anm. 10, S. 313; Triepel, Reichsaufsicht S. 501.

[4]) Daß auf diese Weise unerfreuliche Zustände geschaffen werden können, die doch die Gefahr indirekter Beeinflussung der Gerichte durch die Verwaltungsbehörden nicht ganz ausgeschlossen erscheinen lassen, kann nicht übersehen werden. Daher denn auch die einschränkende Bestimmung des § 4 EGGVG. Bekanntlich hat sich die Praxis auf den die Tendenz der Bestimmung geradezu ins Gegenteil verkehrenden Standpunkt gestellt, daß sich das Verbot, den ordentlichen Gerichten Verwaltungsgeschäfte zu übertragen (Justizverwaltungsgeschäfte ausgeschlossen), nur an die Gerichte als solche, die Übertragung derartiger Geschäfte nicht aber auf die Richter als Einzelpersonen bezieht.

[5]) Daß das Prinzip der Unabhängigkeit unabhängig von der Staatsform ist, sollte nicht übersehen werden. Sehr treffend bemerkt Hamilton, Federalist 1788 vol. VI p. 291: »In a Monarchy it is an excellent barrier to the despotism of the prince; in a Republic it is a no less excellent barrier to the encroachments and oppressions of the legislative body.« Daß in revolutionären Zeiten die Achtung

in seine Konsequenzen verfolgt werden, daß auch das Parlament unbedingt an das rechtskräftige Urteil gebunden und daher nicht in der Lage ist — natürlich vorbehaltlich des Begnadigungsrechtes —, die ergangene Entscheidung trotz ihrer Rechtskraft im Wege eines Spezialgesetzes zu beseitigen, da, wenn dies möglich wäre, die Entwicklung des Parlamentes zu einer Art Oberinstanz über den Gerichten sehr wohl denkbar wäre [1][2]).

---

vor der Unabhängigkeit der Gerichte auf seiten der Regierenden niemals groß war, ergibt sich aus dem Zusammenstoß der in den Gerichten wirkenden Legalität mit der Illegalität der revolutionären Kräfte. Gerade hieraus ergibt sich aber auch die unendliche Bedeutung einer wirklichen Unabhängigkeit der Gerichte, nicht nur für die Autorität der Gerichte, sondern in erster Linie für die Autorität der Gesetze als solcher, deren objektive Existenz und Legalität eben nicht in Frage gestellt werden soll. Sehr treffend führt schon Lord Clarendon (citiert in 3 H. D. vol. 235 p. 424) aus: »The danger and mischief cannot be expressed that the Crown and State sustained by the deserved reproach and infamy that attended the Judges being made use of in this and the like arts of power, there being no possibility to preserve the dignity, reverence, and estimation of the laws themselves but by the integrity and innocency of the Judges.«

[1]) Durchaus zutreffend Triepel, Reichsaufsicht S. 504 f., der mit Recht Anm. 3 die Ansicht Bindings, Handbuch des Strafrechtes Bd. I S. 284 ablehnt, wonach das Reich vom Land verlangen könne, rechtskräftige Strafurteile, die auf Grund eines nach Reichsrecht unzulässigen Landesgesetzes ergangen seien, auf gesetzlichem Wege zu beseitigen. Die hier innerhalb der richterlichen Unabhängigkeit liegende primäre Frage ist doch die, ob das Landesgesetz nach Reichsrecht unzulässig ist oder nicht. Hat das Gericht diese Frage verneint, so ist das Reich an die Entscheidung, allerdings nur im Einzelfall, gebunden und kann sich nicht, wie Binding vermeint, über sie einfach hinwegsetzen. Auch die Ausnahme, die Triepel S. 506 für Strafurteile zulassen will, scheint mir zulässig nur im Rahmen der Begnadigungsmöglichkeit. Insoweit abweichend Triepel S. 506 Anm. 3.

[2]) Ich stimme insoweit durchaus mit Carl Schmitt, Unabhängigkeit der Richter S. 10 ff., insbes. 11 überein; ja, ich möchte auch leugnen, was Schmitt unentschieden läßt, daß ein derartiges Spezialgesetz in den Formen eines verfassungsändernden Gesetzes Rechtsgültigkeit hat. Es ist eben doch zu beachten, daß die Rechtskraft des Urteils an den Rechtszustand zur Zeit seines Erlasses gebunden ist, und daß es kaum angängig erscheint, die Omnipotenz des Gesetzgebers bedingungslos anzuerkennen. Allerdings gebe ich zu, daß die Frage durchaus problematisch ist. Daß aber die Gebundenheit des Parlaments, wie überhaupt der Justizaufsichtsbehörde, immer nur eine Gebundenheit an die einzelne Entscheidung des Gerichtes ist, mag ausdrücklich hervorgehoben werden. Die Gerichte stellen keine Rechtssätze auf, sondern entscheiden Rechtsfälle unter Anwendung, damit unter Auslegung des geltenden Rechtes. Diese Auslegung besitzt, soweit sich aus einer kontinuierlichen Praxis nicht ein Gewohnheitsrecht entwickelt, niemals dauernde, allgemeine Gültigkeit. Vgl. dazu auch Triepel, Reichsaufsicht S. 497 f. Es mag schon hier darauf hingewiesen werden, daß nach englischem Recht die Verhältnisse infolge der anderen Bedeutung der Urteile anders liegen als nach deutschem Recht. Rechtskraft des

β) Die gesetzliche Sanktionierung des Prinzipes der Unabhängigkeit der Gerichte, wie wir sie in § 1 GVG., Art. 102 R.V. finden, verleiht nun zwar dem Richter das unbedingte Recht alleiniger, selbständiger Entscheidung, garantiert aber dieses Recht mit nichten. Nun braucht hier nicht weiter ausgeführt zu werden, daß ohne hinzutretende Garantiebestimmungen, die neben der abstrakt sachlichen die konkret persönliche Unabhängigkeit des Richters sicherstellen, eine wirkliche materielle Unabhängigkeit der Rechtspflege, soweit sie durch Staatsbeamte ausgeübt wird, nicht gewährleistet ist. Gewiß ist auch nach heutigem Recht die innere Unabhängigkeit des einzelnen Richters zum großen Teil eine Frage der Persönlichkeit und der Charakterbewährung. Macht man aber die Frage lediglich zu einer solchen des Charakters, so kann man sich bei den mannigfaltigen indirekten Beeinflussungsmöglichkeiten, die die außergerichtliche Staatsgewalt dem Einzelrichter gegenüber zur Anwendung bringen kann — man denke an Gehalts-, Absetzungs-, Versetzungsmöglichkeiten [1]) — nicht wundern, wenn von der für das Staatsleben so unentbehrlichen richterlichen Unabhängigkeit in der Praxis nicht allzu viel übrig bleibt. Gewiß waren nach § 18 Abs. 1 MStGO. auch die Militärgerichte unabhängige Gerichte; daß aber bei dem Mangel jeglicher Garantiebestimmungen auch die Offiziersrichter unabhängige Richter gewesen seien, wird man nicht eben behaupten können. Ist doch die Unabhängigkeit, um die es sich hier handelt, eine solche der Stellung, nicht aber der Handlung. So erscheint beinahe wichtiger als die Aufstellung des sachlichen Prinzipes die Einführung persönlicher Garantiebestimmungen, und es mag hervorgehoben werden, daß man in der Literatur sogar in letzteren den eigentlichen Inhalt der richterlichen Unabhängigkeit hat erblicken wollen [2]). Dies geht indessen zu weit: denn das Verhältnis zwischen sachlicher und persönlicher Unabhängigkeit ist doch stets

---

Urteils bedeutet in England nicht nur Entscheidungs- oder Parteikraft, sondern Gesetzeskraft, also Wirkung über den Einzelfall hinaus. Dieser Wirkung kann sich auch kein Justizaufsichtsorgan entziehen, und es bleibt daher in England nur der Weg der Gesetzgebung, um eine Gerichtspraxis, die die Justizaufsichtsbehörde nicht billigt, zu beseitigen. Vgl. zur Frage der Bedeutung englischer Urteile auch meine Englische Gerichtsverfassung Bd. II S. 767 ff.

[1]) Zutreffend sagt A. Hamilton, Federalist 1788 vol. II p. 299 et seq.: »A power over a man's subsistence amounts to a power over his will«. Die Ausführungen Hamiltons treffen auch heute noch im wesentlichen zu.

[2]) Vgl. R. Dawson, Principle of Official Independence p. 47: »The next question to be considered is that which is generally understood by the "independence of the judiciary", viz.: the laws and conventions which affect their tenure and removal, and make them virtually irresponsible in the exercise of their office.« Vgl. auch W. Robson, Justice and Administrative Law p. 48: »The security of tenure which the judge enjoys is at bottom the most essential fact

so, daß zu der primären Rechtserscheinung der sachlichen Unabhängigkeit die formelle und sekundäre Erscheinung der persönlichen Unabhängigkeit als Garantie für die erste hinzutritt [1]). Selbstverständlich werden aber Garantiebestimmungen nur notwendig gegenüber staatlichen Beamten, die an der Rechtspflege beteiligt sind, da nur ihnen gegenüber jene indirekten Beeinflussungsmöglichkeiten gegeben sind, auf die wir vorhin hingewiesen haben [2]). Sie garantieren nach heutigem Recht die Unabhängigkeit des Richters nach doppelter Richtung [3]): Einmal ist dem Richter ein festes Gehalt unter Ausschluß von Gebühren zugebilligt, und es darf für alle Ansprüche vermögensrechtlicher Natur, die dem Richter aus seinem Amt zustehen, der Rechtsweg niemals ausgeschlossen werden. Ferner sind Richter prinzipiell unabsetzbar und unversetzbar. Allerdings sind von diesem zweiten Satz Ausnahmen zugelassen. Allein auch diese sind wieder mit Garantien umgeben. Es darf nämlich eine Ab- oder Versetzung nur aus gesetzlichen Gründen erfolgen, so daß beide an möglichst festumrissene Tatbestände [4]) gebunden sind. Ferner hat die zwangsweise Ab- und Versetzung im allgemeinen [5]) in einem Verfahren zu erfolgen, dessen Form gesetzlich festgelegt ist. Es mag bemerkt werden, daß

---

underlying the principle of independence. It results in a recognition by the general public that the judge has nothing to lose by doing what is right and nothing to gain by doing what is wrong.«

[1]) Zutreffend unterscheidet Jacobi, 34. Deutscher Juristentag Bd. II S. 76, 78 die Unabhängigkeit der Rechtspflegefunktion und die persönliche Unabhängigkeit des Funktionärs der Rechtsprechung. Ebenfalls zwei Seiten der Unabhängigkeit unterscheidet Rosenfeld ebendort S. 112, wenn er die Bedeutung der Unabhängigkeit erblickt, erstens in dem Verbot jeden Eingriffs in eine richterliche Entscheidung, zweitens in der Sicherung der persönlichen Unabhängigkeit.

[2]) Daß die Laienrichter an der sachlichen Unabhängigkeit teilnehmen, ist selbstverständlich, da diese dem Gericht als solchem eignet. Sonst aber ist nicht zu übersehen, daß das eigentliche Problem der Unabhängigkeit ein Begleitproblem zu der Tatsache der Bürokratisierung der Gerichte ist.

[3]) §§ 7, 8, 9, 126ff. GVG.; Art. 104 RV. Die Einzelheiten der Bestimmungen dürfen als bekannt vorausgesetzt werden. Ob die Garantien hinreichend sind, steht hier nicht in Frage. Vgl. indessen die treffenden Ausführungen Jacobis, 34. Deutscher Juristentag Bd. II S. 78 f.

[4]) Daß bei Entlassung aus disziplinaren Gründen die Tatbestände nicht immer fixiert sein können, liegt auf der Hand. Vgl. z. B. Preußisches Gesetz vom 7. 5. 1851: »Ein Richter, welcher 1). die Pflichten verletzt, die ihm sein Amt auferlegt, oder 2.) sich durch sein Verhalten in oder außer dem Amt der Achtung, des Ansehens oder des Vertrauens, die sein Beruf erfordert, unwürdig erweist, unterliegt den Vorschriften dieses Gesetzes.« Ganz bestimmt ist indessen der Tatbestand Preußisches Gesetz vom 31. 7. 1922 Art. 1. Vgl. übereinstimmend mit Preußen 1851 das Bayrische Gesetz vom 10. 12. 1908 Art. 1.

[5]) Eine Ausnahme ist nur zugelassen bei Veränderungen der Gerichtsorganisation im ganzen. § 8 Abs. 3 GVG.; Art. 104 Abs. 3 RV.

die Landesgesetze, die hier maßgebend sind, dies Verfahren allgemein als gerichtliches Verfahren ausgebaut haben [1]). Man wird beachten, daß alle diese Bestimmungen darauf abzielen, den Richter vor der Verwaltungsbehörde sicherzustellen. Denn das, was man vermeiden wollte und mußte, war die Kabinettjustiz, die den Verfassern des Gerichtsverfassungsgesetzes von 1877 nur zu deutlich noch vor Augen stand [2]).

b) α) Nun haben sich aber seit der Revolution die Verhältnisse in Deutschland grundlegend geändert. An die Stelle der Bismarckschen Verfassung mit starker Exekutivgewalt und mit einem Parlament, das im wesentlichen Legislative war, für eine durchgreifende Kontrolltätigkeit aber kaum die hinreichenden Möglichkeiten besaß, ist die Weimarer Verfassung getreten, die, indem sie das Parlament zum Zentralorgan des Staates gemacht hat, Deutschland in einen Parlamentstaat verwandelt hat. Daß in einem solchen von dem Prinzip der Trennung der Gewalten, das übrigens wohl in keinem Staat jemals verwirklicht war [3]), kaum noch die Rede sein kann, liegt auf der Hand [4]). Und da nun ein Eingreifen des Parlaments in die Rechtspflege an sich ebensowohl denkbar ist wie ein Eingreifen der Verwaltungsbehörde, so wird das Problem der Beziehungen des Parlaments zu den Rechts-

---

[1]) Vgl. z. B. das Bayrische Gesetz vom 10. 12. 1908 Art. 14 ff., ferner das Preußische Gesetz vom 7. 5. 1851 § 18 und das Thüringische Staatsbeamtengesetz vom 14. 3. 1923 § 94. Weitere Beispiele ließen sich aus den andern Ländern in Menge geben.

[2]) Man vergleiche in dieser Hinsicht die Ausführungen über die Zeit der Demagogenverfolgung in Deutschland bei Kern, Gesetzlicher Richter S. 102 ff. Interessant ist in dieser Richtung auch das Preußische Disziplinargesetz vom 29. 3. 1844, dessen § 20 Abs. 2 ausdrücklich bestimmte, daß Versetzungen ohne Verkürzung im Einkommen nicht als Strafversetzungen anzusehen wären. Abs. 3 sagt dann wörtlich: »Als eine Verkürzung im Einkommen ist es nicht anzusehen, wenn durch die Versetzung die Gelegenheit Nebenämter zu versehen, entzogen wird, oder die Beziehung der für Dienstunkosten besonders ausgesetzten Einnahme fortfällt.«

[3]) Vgl. hierzu die interessanten Darlegungen von Robson, Justice and Administrative Law p. 12 et seq., der mit Recht von »the legendary separation of powers« spricht. Dagegen sagt Marriot, English Political Institutions über die Gewaltenteilung: »In England the differation« (scl. of the powers) »is virtually complete«. Vgl. dazu schon die ausgezeichneten Darlegungen von A. Hamilton, speziell auch über die englischen Verhältnisse im Federalist, 1788 vol. II p. 92 et seq.

[4]) Auch in Deutschland wird auf diese Gewaltentrennung, die doch schließlich dogmatisch eine reine Irrlehre war und politisch nur als Richtungspostulat Bedeutung gewinnen konnte, immer noch zurückgegriffen. Vgl. etwa Verhandlungen des 34. Deutschen Juristentages Bd. II S. 176, wo von der Gewaltenteilung als einer unveräußerlichen Grundwahrheit eines jeden Staatsrechtes gesprochen wird.

pflegeorganen von erhöhter Bedeutung. Gewiß durfte diese Frage schon unter der Bismarckschen Verfassung nicht übersehen werden. Bei der gesteigerten Bedeutung indessen, die das Parlament im deutschen Staatsleben von heute besitzt, gewinnt das Problem eine Tragweite, die es früher zweifellos nicht besessen hat.

β) Ehe indessen das Verhältnis von heute geschildert werden soll, mag kurz auf die Bedeutung der Bismarckschen Verfassung eingegangen werden. Selbstverständlich gilt auch in ihr der Satz, daß die Gerichte in sachlicher, d. h. funktioneller Unabhängigkeit den Parlamenten gegenüberstehen; die Unterwerfung unter das Gesetz, die als oberste Norm für alle Gerichtstätigkeit gilt, bedeutet niemals eine Unterwerfung unter den Gesetzgeber [1]). Und wenn letzterer auch selbstverständlich die ihm unbillig erscheinende Auslegung eines bestimmten Rechtssatzes durch ein Gericht zum Ausgangspunkt einer Rechtsänderung machen kann, nie ist die Legislative in der Lage gewesen, in ein schwebendes Verfahren einzugreifen, da der Bismarckschen Verfassung Parlamentsjustiz ebenso fremd gewesen ist wie Kabinettsjustiz. Andererseits war aber das Parlament (wir behandeln die Frage hier nur in Hinblick auf das Reich) keineswegs ohne Einfluß auf die Ausübung der Gerichtsbarkeit. Denn es bestand ein allgemeines Recht des Reichs auf Justizaufsicht, da seiner Beaufsichtigung das gerichtliche Verfahren als solches unterstellt war [2]). An dieser Justizaufsicht aber war der Reichstag mitbeteiligt. Dieses sein Recht, bestehend in einem Kontrollrecht dem Reichskanzler gegenüber, ergab sich aus der Verantwortlichkeit des letzteren dem Reichstag gegenüber [3]). Konnte letzterer das Recht auch nur dadurch ausüben, daß er seinerseits die Oberaufsicht der Reichsregierung über das gerichtliche Verfahren nachkontrollierte, so änderte das nichts an der Tatsache, daß der Reichstag an der Reichsjustizaufsicht mitbeteiligt war, wenn er allerdings auch nicht in der Lage war, seinen abweichenden Willen der Regierung gegenüber durchzusetzen [4]). Wie nun aber im einzelnen der Reichstag sein

---

[1]) So treffend Carl Schmitt, Unabhängigkeit der Richter S. 10.

[2]) Vgl. Art. 4 Z. 13 Bismarcksche Verfassung. Vgl. zum Ganzen die grundlegenden Ausführungen von Triepel, Reichsaufsicht S. 494 ff.

[3]) Art. 17 Bismarcksche Verfassung. Durchaus zutreffend bezeichnet Beckermann, Wichtigste Mittel der parlamentarischen Kontrolle S. 14 die parlamentarische Kontrolltätigkeit als Parallelerscheinung zur Ministerverantwortlichkeit.

[4]) Vgl. Triepel, Reichsaufsicht S. 610. Daß die Kontrolltätigkeit nicht bedingt wird durch einen maßgebenden Einfluß auf das staatliche Handeln, führt Beckermann, Wichtigste Mittel der parlamentarischen Kontrolle S. 4 mit Recht aus.

Kontrollrecht auszuüben berechtigt war, in welchem Umfang ihm das Recht auf kleine Anfragen, Petitionen, Interpellationen[1]) und Untersuchungen[2]) zustand, ist eine Frage, die hier nicht weiter interessiert. Daß endlich in den Einzelstaaten mit Parlamenten die Dinge nicht anders lagen als im Reich, mag abschließend bemerkt werden.

γ) Wenden wir uns nunmehr dem geltenden Recht zu, so ergibt sich ohne weiteres, daß von einer Verminderung der Rechte des Reichstages durch die Weimarer Verfassung, deren eigentliche Bedeutung doch gerade darin liegt, das Parlament zur Zentrale des staatlichen Lebens gemacht zu haben[3]), nicht die Rede sein kann. Vielmehr ist der Reichstag das oberste Justizaufsichtsorgan für das Reich, das Landesparlament für das Land. Dies ergibt sich wiederum — es mögen die Ausführungen auf das Reich beschränkt werden, mutatis mutandis gilt das Ausgeführte auch für die Länder — aus der unbedingten Verantwortlichkeit des Ministers gegenüber dem Parlament[4]). Der Unterschied im Vergleich zur früheren Zeit besteht mithin im wesentlichen darin, daß das Parlament heute in der Lage ist, seinen abweichenden Willen der Regierung gegenüber zur Durchführung zu bringen. Allerdings muß auch heute daran festgehalten werden, daß sich das Recht der Oberaufsicht lediglich auf eine Kontrolltätigkeit beschränkt[5]), und daß die Parlamente nicht in der Lage sind, den jeweiligen Regierungen bindende Anweisungen in Justizverwaltungsangelegenheiten zu erteilen. Daß mit der Kontrollbefugnis aber auch eine beschränkte Aufsichtsmöglichkeit über die Recht-

---

[1]) Daß man dem alten Reichstag sein Interpellationsrecht, von dem er doch unter Mitwirkung der Regierung fortwährend Gebrauch gemacht hat, hat absprechen wollen, ist gegenüber dieser Praxis ein staatsrechtliches Kuriosum, das aber doch beweist, wie wenig unsere Theorie die rechtsbereichernde und rechtsgestaltende Bedeutung der Praxis anzuerkennen gesonnen ist. Die Frage, wie weit sie das zu tun hätte, berührt allerdings letzte Fragen der allgemeinen Rechtslehre. Vgl. zum Interpellationsrecht Triepel, Staatsaufsicht S. 612 ff. Triepel bejaht übrigens, ich möchte sagen, selbstverständlich unbedingt das Recht des Reichstages.

[2]) Vgl. hierzu weiter unten S. 19.

[3]) Art. 68 Abs. 2, 1 Abs. 2 in Verbindung mit 21, 54 RV.

[4]) Art. 54 RV. Das Kontroll- und Aufsichtsrecht des Reichstags reicht soweit, wie die Zuständigkeit der Reichsministerien. Wollte man diesen Satz leugnen, so würde man dadurch in Wahrheit das Prinzip der Ministerverantwortlichkeit abschwächen, da das Parlament dann nicht in der Lage wäre, sich diejenigen Grundlagen zu verschaffen, von denen aus es das Ministerium zur Verantwortung ziehen könnte.

[5]) So mit Recht Alsberg, 34. Deutscher Juristentag Bd. I S. 391; Jacobi, ebendort Bd. II S. 78.

sprechung gegeben ist, sollte eigentlich nicht geleugnet werden[1]; kann doch auch das Parlament in der Tat dieser Aufsicht gar nicht entbehren, wenn es Rechtsverweigerungen verhindern oder die notwendigen, doch im wesentlichen sich aus der Gerichtspraxis ergebenden Rechtsänderungen vornehmen will[2])[3]). Selbstverständlich darf aber diese Oberaufsicht niemals zu Eingriffen in die Unabhängigkeitssphäre der Gerichte mißbraucht werden, wobei indessen die Grenze

---

[1]) A. A. Rosenberg, 34. Deutscher Juristentag Bd. I S. 12: »Der Ausschuß hat hierdurch klar und deutlich zum Ausdruck gebracht, daß die Kontrolle des Reichstages sich nur auf die Justizverwaltung, aber nicht auf die Rechtsprechung erstrecken sollte.« Wie aber eine Kontrolle der Justizverwaltung, ohne Heranziehung der Rechtsprechung möglich sein soll, ist nicht einzusehen. Sehr richtig bemerkt schon Triepel, Reichsaufsicht S. 501 f.: »Die Unabhängigkeit der Gerichte schließt nicht aus eine »Dienstaufsicht« über die richterlichen Personen, daher auch nicht eine Überwachung der Regelmäßigkeit und Pünktlichkeit der richterlichen Berufserfüllung. Daraus ergibt sich wieder, daß das Reich vermöge seines Oberaufsichtsrechtes die Landesjustizverwaltung zu Maßnahmen gegen Prozeßverschleppung und -verzögerung und zum Einschreiten gegen Amtsmißbrauch veranlassen darf.«

[2]) In der Nationalversammlung wurde von sozialdemokratischer Seite aus (Antrag Cohn) beantragt, in die Verfassung den Zusatz aufzunehmen: »Der Reichstag hat die Oberaufsicht über die Verwaltung des Reichs und die Rechtsprechung, er kann der Reichsregierung und dem Reichspräsidenten bindende Weisungen in Verwaltungssachen erteilen.« Dagegen haben sich die Vertreter der Regierung mit Schärfe gewandt, da sie in der Formulierung des Antrags eine Gefährdung, ja, eine Beseitigung des Prinzips der Unabhängigkeit der Gerichte sahen (vgl. Drucksachen der Nationalversammlung Nr. 391 S. 263 f.). Ich kann diesen von Preuß und Zweigert geäußerten Bedenken nicht beistimmen. Gefährlich wäre der Antrag gewesen, wenn er für den Reichstag das Recht verlangt hätte, bindende Anweisungen auch in Justizsachen erteilen zu können. Der klare Wortlaut des Antrages, der zwischen Verwaltung und Rechtsprechung unzweideutig unterscheidet, läßt eine derartige Auslegung nicht zu. So muß man dem Antragsteller Recht geben, wenn er darauf hinweist, daß etwas Neues durch seinen Antrag gar nicht geschaffen werden sollte. Denn tatsächlich ergibt sich für den Reichstag die Oberaufsicht über die Rechtsprechung aus der Verantwortlichkeit und der Zuständigkeit des Reichsjustizministers. Daß sie übrigens dauernd ausgeübt wird, daran dürfte ein Zweifel wohl nicht zulässig sein. Ob der Antrag, in Verwaltungsangelegenheiten bindende Anweisungen erteilen zu können, glücklich war, lasse ich dahingestellt (verneinend Alsberg, 34. Deutscher Juristentag Bd. I S. 391). Ich mache aber darauf aufmerksam, daß der Reichstag es heute auf dem Umweg über Art. 54 RV. in der Hand hat, bestimmte Handlungen der Regierung zu erzwingen. Wie im Reich so selbstverständlich auch in den Ländern!

[3]) Wenn Alsberg, 34. Deutscher Juristentag Bd. I S. 391 f. zwar eine Oberaufsicht über die Rechtsprechung leugnet, eine Kritik an dieser aber zuläßt, so scheint mir dies nicht vielmehr als eine Verschiedenheit im Ausdruck gegenüber den Ausführungen des Textes zu sein.

zwischen dem Erlaubten und Unerlaubten zu ziehen keineswegs allzu leicht ist[1]).

Die Mittel, die dem Reichstag in Ausübung seiner Aufsichts- und Kontrollrechte oder besser gesagt -Pflichten zur Verfügung stehen, sind dieselben, die dem Reichstag nach der alten Verfassung zugestanden haben[2]): Entgegennahme, Erledigung und Weitergabe von Petitionen, kleine Anfragen, Interpellationen, allgemeine Kritik während der Etatberatungen, endlich Untersuchungen durch Ausschüsse nach Art. 34 RV.

Namentlich das letztere Kontrollmittel ist in der neueren Zeit von Bedeutung geworden.[3]) Es sind von den deutschen Parlamenten eine ganze Reihe von Untersuchungsausschüssen eingesetzt worden[4]), und gerade ihre Tätigkeit ist es gewesen, die die Frage der Gefahren einer etwaigen Parlamentsjustiz in den Vordergrund der Erörterungen gestellt haben. Diese Untersuchungsausschüsse nun haben einmal die Aufgabe der Materialsammlung zur Vorbereitung von Beschlüssen des Parlaments[5]); sie haben ferner Tatsachen zu untersuchen, Aufklärung über einen bestimmten Gegenstand zu schaffen[6]). Ihre Tätigkeit unterscheidet sich aber scharf von der Tätigkeit der Gerichte durch ihre Aufgabe. Haben diese den Einzelfall zu entscheiden, so können Untersuchungsausschüsse zwar stets auch in Hinblick auf ganz konkrete Einzelfälle eingesetzt werden. Allein sie haben über den Einzelfall nie zu entscheiden, sondern diesen stets nur in seiner

---

[1]) Darauf weist mit Recht Alsberg l. c. S. 388 f. hin. Selbstverständlich darf niemals weder ein Tadel über eine Rechtsprechung noch eine Belehrung für die Rechtsprechung ausgesprochen werden. Vgl. hierzu auch Triepel, Reichsaufsicht S. 499 f.

[2]) Vgl. Laband, Deutsche Juristenzeitung 1913 S. 604. Triepel, Reichsaufsicht S. 610 ff., steht auf anderem Standpunkt und erkennt ein Recht des alten Reichstages auf Untersuchungsausschüsse nicht an. Daß der preußische Landtag ein solches hatte, ist nicht fraglich. Vgl. m. E. zutreffend Jacobi, 34. Deutscher Juristentag Bd. II S. 85 f.

[3]) Der Unterschied der Ausschüsse des Art. 34 von denen, die nach dem früheren Recht an sich zulässig waren, liegt in den erweiterten Funktionen, die Art. 34 eingeräumt hat. Die Frage der Einsetzung eines Untersuchungsausschusses auf Grund eines Minoritätsverlangens kann fürs erste hier unberücksichtigt bleiben. Vgl. dazu weiter unten S. 20. 133 f. Daß übrigens die Verfassungen von Lübeck und Bremen Untersuchungsausschüsse nicht ausdrücklich erwähnen, mag hervorgehoben werden. Vgl. Jacobi l. c. S. 74.

[4]) Vgl. zahlreiche Beispiele bei Rosenberg, 34. Deutscher Juristentag Bd. I S. 5.

[5]) Entscheidung des Staatsgerichtshofes, E.R.Zivilsachen Bd. 104 S. 430; Jacobi, 34. Deutscher Juristentag Bd. II S. 75.

[6]) E. Kaufmann, Untersuchungsausschuß und Staatsgerichtshof S. 10; Alsberg, 34. Deutscher Juristentag Bd. I S. 337 f. mit weiteren Literaturangaben.

Bedeutung für die Allgemeinheit, den Staat, d. h. also in seiner politischen Tragweite auszuwerten[1]). Daß sie in der Zusammenfassung ihrer Untersuchungen auch Werturteile fällen können, erscheint mir zweifellos[2]), wenngleich man nicht übersehen darf, daß diese Urteile mehr oder weniger nur vorläufigen Charakter haben, da ja der Bericht des Untersuchungsausschusses an das Parlament geht, dem die letzte Entscheidung zusteht. Selbstverständlich aber liegt in der Funktionenbeschränkung des Ausschusses auch eine Beschränkung der dem Parlament zustehenden Möglichkeit, Untersuchungsausschüsse einzusetzen. Und die fast allgemeine Praxis der deutschen Parlamente, auf einfachen Antrag einer verfassungsmäßigen Minorität hin einen Ausschuß ohne weitere Prüfung der Voraussetzungen seiner Einsetzung für eingesetzt zu erklären, scheint mir weder rechtlich zulässig noch auch zweckentsprechend zu sein[3]). Daß aber Untersuchungsausschüsse, falls ihre Voraussetzungen gegeben sind, zu ihrer Einführung nicht eines Majoritätsbeschlusses des Parlaments bedürfen, sondern auf das Verlangen einer qualifizierten Minderheit hin eingesetzt werden müssen, mag schließlich noch ausdrücklich hervorgehoben werden[4]).

[1]) Auf diese prinzipiell verschiedenartigen Aufgaben der Gerichte und der Untersuchungsausschüsse weisen mit Recht bereits hin Beckermann, Wichtigste Mittel der parlamentarischen Kontrolle S. 47; Fromageot, Étude sur les pouvoirs des Commissions Politiques d'enquête en Angleterres p. 7. Vgl. auch die treffenden Ausführungen von Alsberg, 34. Deutscher Juristentag Bd. II S. 120 ff., Bd. I S. 348 ff.

[2]) Auch Jacobi, 34. Deutscher Juristentag Bd. II S. 89 gibt dem Ausschuß das Recht, Vorschläge wegen Verbesserung der Verwaltung zu machen. Warum er nicht in der Lage sein soll, aus allgemein politischen Erwägungen heraus die Erhebung einer Disziplinarklage gegen eine bestimmte Person anzuregen, erscheint mir nicht recht verständlich (A. A. Alsberg l. c. S. 337 im Anschluß an einen Beschluß des Kammergerichtes, Rechtsprechung der Oberlandesgerichte Bd. 40 S. 172). Man beachte doch, daß Anklagebehörden materielle Unabhängigkeit überhaupt nicht besitzen, ein Umstand, auf den Triepel, Reichsaufsicht S. 502 f., sehr mit Recht aufmerksam gemacht hat.

[3]) Vgl. hierzu Alsberg, 34. Deutscher Juristentag Bd. I S. 338 f. Sehr mit Recht hat daher Jacobi in seinen dem Juristentag unterbreiteten Thesen (Bd. II S. 72 f., 105 f.) die Aufnahme einer Bestimmung in die Geschäftsordnungen der Parlamente verlangt, wonach »der Gegenstand der parlamentarischen Untersuchung in dem Antrag auf Einsetzung eines Untersuchungsausschusses genau bezeichnet und abgegrenzt werden muß, und der Antrag unbeschadet der Minderheitsrechte in einem Ausschuß unter Zuziehung der Regierung vorzuberaten und dem Plenum zur Beschlußfassung vorzulegen ist«. Dieser Antrag wurde vom Juristentag lediglich als Material der Regierung überwiesen. Vgl. l. c. S. 192, 860 ff. Vgl. übrigens auch noch Jacobi l. c. S. 105.

[4]) Art. 34 RV. gibt einem Fünftel der Abgeordneten dieses Recht. Vgl. zu der ganzen Frage des Minderheitenrechtes die trefflichen kritischen Ausführungen Alsbergs, 34. Deutscher Juristentag Bd. I S. 367 f.

Die Kontrolltätigkeit des Parlaments ist, soweit sie sich innerhalb der verfassungsmäßigen Zuständigkeit des Parlaments hält [1]), nach keiner Richtung hin beschränkt. Daraus ergibt sich, daß Kritik und Kontrolle sich beziehen können sowohl auf erledigte als aber auch auf schwebende Rechtssachen [2]), und der Satz, daß eine vor einem Gericht anhängige Sache nicht zum Gegenstand parlamentarischer Kritik und Untersuchung gemacht werden kann, ist dem geltenden Recht fremd [3]). Namentlich kann das Parlament zweifellos Untersuchungsausschüsse zur Untersuchung von Tatbeständen einsetzen, die gleichzeitig den Gegenstand eines gerichtlichen Verfahrens bilden, und die Praxis hat auch von dieser Möglichkeit einen recht weitgehenden Gebrauch gemacht [4]). Daß es die verfassungsmäßige Struktur des Reichs endlich mit sich bringt, daß gleichzeitig mehrere deutsche Parlamente Untersuchungsausschüsse hinsichtlich desselben Tatbestandes einsetzen können, ist eine leidige Tatsache, die nicht geleugnet werden kann. Daß sie in der Praxis immer zu erfreulichen Ergebnissen geführt hätte, wird man nicht behaupten können [5]).

II. 1. a) Die in den letzten Ausführungen festgestellte Möglichkeit, daß dieselben Tatbestände gleichzeitig zum Gegenstand von parlamentarischen und gerichtlichen Untersuchungen gemacht werden können, ist im Anschluß an eine Reihe Aufsehen erregender Fälle zum Gegenstand lebhafter Erörterungen in der deutschen Öffentlichkeit gemacht worden [6]). Man hat in derartigen parlamentarischen En-

---

[1]) Beckermann, Wichtigste Mittel der parlamentarischen Kontrolle S. 12 will das Recht auf Kontrolle über die parlamentarische Zuständigkeit hinaus auf alle Gebiete des staatlichen Lebens ausdehnen, übersieht aber, daß infolge der Ministerverantwortlichkeit alle Gebiete des staatlichen Lebens zur parlamentarischen Zuständigkeit gehören.

[2]) Durchaus mit Recht Alsberg, 34. Deutscher Juristentag Bd. I S. 392: »... und ebenso ist die Besprechung abgeschlossener oder selbst schwebender Verfahren im Parlament unter dem Gesichtspunkt, auf Mängel des geltenden Rechtes hinzuweisen, erlaubt und gar nicht auszuschließen«. Daß sich indessen der Reichstag nicht nur darauf beschränkt hat, auf die Mängel des geltenden Rechtes hinzuweisen, daß er vielmehr auch sonst auf schwebende Verfahren eingegangen ist, mag ausdrücklich hervorgehoben werden.

[3]) Vgl. hierzu aus der Praxis des preußischen Landtages; Verhandlungen über den Barmatprozeß 2. Wahlperiode 1. Tagung 83. Sitzung Bericht Sp. 4797 ff.; 95. Sitzung Bericht Sp. 6251, 6255 f., 6364, 6813; 179. Sitzung Sp. 12 406 u. a. m.

[4]) Hatschek, Deutsches und Preußisches Staatsrecht Bd. I S. 253; Jacobi, 34. Deutscher Juristentag Bd. II S. 77, 79 f.; ebenso Rosenberg am gleichen Ort Bd. I S. 13.

[5]) So gab es je einen Barmatausschuß für das Reich, für Preußen und für Sachsen. Vgl. Rosenberg l. c. S. 5 f.

[6]) Ich verweise lediglich auf die Verhandlungen des 34. Deutschen Juristentages, die beiden Gutachten von Rosenberg und Alsberg und den Bericht von

queten ein Übergreifen des Parlaments auf ein nur den Gerichten vorbehaltenes Gebiet, also eine Art Parlamentsjustiz sehen wollen, und wenn man auch bald zugeben mußte, daß hiervon nicht die Rede sein konnte, falls die Parlamente und die von ihnen eingesetzten Untersuchungsausschüsse sich in den Grenzen verfassungsmäßiger Zuständigkeit hielten[1]), so wies man doch auf eine doppelte Gefahr, und zwar, wie mir bedünken will, nicht mit Unrecht hin[2]): Einmal seien — die Erfahrung habe dies bewiesen — Überschreitungen der Kompetenzen der Parlamente möglich, die dann zu wirklichen Eingriffen in die Unabhängigkeit der Gerichte führen könnten; ferner müßten sich aus dem Nebeneinanderarbeiten von Gericht und Parlament Kollisionen ergeben, die für die unbehinderte Erledigung von Rechtssachen durch die Gerichte von verhängnisvollster Bedeutung werden müßten, ja, vom Parlament geradezu benutzt werden könnten, um im Parteiinteresse die letzten Zwecke des Gerichtsverfahrens zu durchkreuzen[3]). Dabei wurde namentlich darauf hingewiesen, daß das Verfahren der Untersuchungsausschüsse jeder festen Regelung entbehre, was der Sache selbst nicht förderlich sei.

b) Diesen Bedenken gegenüber mag zunächst von dem Grundgedanken ausgegangen werden, daß auch die gleichzeitige Untersuchung eines rechtshängigen Tatbestandes durch ein Parlament bei

---

Jacobi, in dem das in Betracht kommende Material in ganz vorzüglicher Weise verarbeitet ist.

[1]) Der Juristentag ist denn auch zu dem abschließenden Resultat gekommen (Bd. II S. 192): »Eine innerhalb der verfassungsmäßigen Schranken sich haltende Tätigkeit parlamentarischer Untersuchungsausschüsse bedeutet keinen Eingriff in die Unabhängigkeit der Justiz, weder einen Eingriff in die Art der Entscheidung noch in die Garantien der richterlichen Unabhängigkeit.« Die Verhandlungen ergaben bezüglich dieses Beschlusses fast völlige Übereinstimmung der Ansichten.

[2]) Es will mir scheinen, als ob man sich in den Verhandlungen des Juristentages, die leider nicht frei von politischem Einschlag waren — Parlamentarier und Politiker griffen entscheidend in die Debatte ein —, über diese Bedenken etwas zu leicht hinweggesetzt hätte.

[3]) Beachtenswert ist in dieser Beziehung der Beschluß des 6. deutschen Richtertages in Augsburg (vgl. Deutsche Richterzeitung 1925 S. 478): »Von der Notwendigkeit der Aufrechterhaltung einer reinlichen Rechtspflege durchdrungen, erhebt der deutsche Richtertag lebhaften Widerspruch gegen die Tätigkeit der parlamentarischen Untersuchungsausschüsse neben dem ordentlichen Strafverfahren. Eine solche Ausdehnung der parlamentarischen Untersuchung dient nicht der objektiven Wahrheitserforschung, sie bedeutet die parteiische Durchkreuzung der Wahrheitsermittelungen durch die unparteiische Rechtspflege.« Man beachte, daß sich diese Resolution nicht gegen ein Prinzip, sondern gegen eine Praxis richtet. Sie ist übrigens in ihrer Tragweite nicht durch die rein subjektiven Äußerungen des Vorsitzenden des Richterbundes (Verhandlungen des Juristentages Bd. II S. 151 ff.) abgeschwächt worden.

der durchgängigen Verschiedenheit der Fragestellung keinen Eingriff in die Entscheidungs- und Unabhängigkeitssphäre der Gerichte bedeutet [1]). Der Reichstag ist mithin rechtlich nicht in der Lage, durch eine nach Art. 34 RV. angeordnete Untersuchung den großen Grundgedanken jeden modernen Staatslebens, wie er in Art. 102 RV. ausgesprochen ist, irgendwie zu beeinträchtigen. Andererseits sind Kompetenzüberschreitungen zweifellos möglich, namentlich sofern es sich um Untersuchungen handelt, die sich auf dem Gebiete der Justizkontrolle bewegen [2]). Aber — das mag hervorgehoben werden — die geäußerten Bedenken richten sich nicht nur gegen Justiz-, sondern auch

---

[1]) Diese Feststellung bedeutet kein Werturteil. Die Frage bleibt mithin offen, ob gleichzeitige Untersuchungen wünschenswert erscheinen.

[2]) Kompetenzüberschreitungen sollen vorgekommen sein. Bedenklich ist der Fall der Einsetzung des hessischen Untersuchungsausschusses über den Himmelbachkonzern, der den Auftrag erhielt 1. zur Beweiserhebung und Feststellung der Verluste des Hessischen Staates durch den Himmelbachkonzern (das war zweifellos zulässig), 2. zur Prüfung a) von Schuldfragen, b) der Möglichkeit eines Schadensersatzes im gleichen Fall. Es entsteht mithin die Frage der Möglichkeit einer parlamentarischen Untersuchung in Hinblick auf ein künftiges Gerichtsverfahren. Ich möchte bezweifeln, daß hier eine Kompetenzüberschreitung vorliegt. Denn daß es im staatlichen Interesse liegt, festzustellen, ob die Möglichkeit für den Staat besteht, seinen Schaden abzuwälzen, daß es gerade in Hinblick auf die Geltendmachung der Ministerverantwortlichkeit für das Parlament von ausschlaggebender Bedeutung sein kann, einen klaren Einblick in die tatsächlichen Verhältnisse zu bekommen, unterliegt keinem Zweifel. Es ist aber zu beachten, daß die Entscheidung des Ausschusses das Gericht in keiner Weise bindet, sondern nur dem Parlament die Möglichkeit einer vorläufigen Beurteilung der Sache gibt, um weiteres Handeln des Parlaments und der Regierung zu ermöglichen. Bedenklich ist ferner der Preußische Höfle-Ausschuß, der zur Prüfung der Frage eingesetzt wurde: »ob und inwieweit in dem Strafverfahren gegen den verstorbenen Reichsminister a. D. Höfle, insbesondere bei Anordnung, Aufrechterhaltung und Durchführung der Untersuchungshaft Pflichtwidrigkeiten oder durch den Untersuchungszweck nicht gebotene Härten von Beamten oder mit einzelnen Funktionen betrauten Personen vorgekommen sind, welche den Tod des Reichsministers a. D. Höfle unmittelbar oder mittelbar herbeigeführt oder beschleunigt haben.« Offenbar bezieht sich diese Untersuchung auch auf rein richterliche Handlungen (Anordnung usw. der Untersuchungshaft). Allein einmal liegt in dem Recht auf Justizaufsicht, wie Triepel Reichsaufsicht S. 501 mit Recht hervorhebt, das Recht zur Dienstaufsicht über die richterlichen Personen, so daß eine Überprüfung von richterlichen Handlungen auf etwa vorgekommene Pflichtwidrigkeiten zweifellos in den Rahmen des Zulässigen in Hinblick auf die Dienstaufsicht fällt. So auch Alsberg, 34. Deutscher Juristentag Bd. I S. 393. Ferner kann, wenn man den Zweck und die Tätigkeit des Höfle-Ausschusses richtig einschätzen will, nicht übersehen werden, daß auf Grund seiner Untersuchung der Gesetzgeber Veranlassung genommen hat, das geltende Strafprozeßrecht durch die sogenannte Haftnovelle von 1926 weitgehend abzuändern. Darauf weist mit Recht hin Rosenfeld, 34. Deutscher Juristentag Bd. II S. 115. So

gegen reine Verwaltungsuntersuchungen, wie ja denn die so oft genannte Barmatuntersuchung mit Justizaufsicht nichts zu tun hatte. Des ferneren muß auch zugegeben werden, daß die Tätigkeit eines Parlamentsausschusses mit der Tätigkeit der Gerichte kollidieren kann, zur starken Benachteiligung eben der Gerichtstätigkeit. Daß in der Überwindung dieser Bedenken heute das eigentliche Problem der Frage der Untersuchungsausschüsse liegt, ist zweifellos, und es kann an der Aufgabe des Gesetzgebers, hier einen zweckentsprechenden Ausgleich widerstrebender Möglichkeiten, hier hinreichende Garantien gegenüber vorhandenen Möglichkeiten zu schaffen, nicht einfach vorübergegangen werden. Dabei darf allerdings auch nicht übersehen werden, daß keine Staatstätigkeit für sich aprioristisch in Anspruch nehmen kann, sich ausschließlich und mit Vorrang aller andern Staatstätigkeit gegenüber durchsetzen zu können. Auch die Gerichtstätigkeit ist nur eine von vielen Staatstätigkeiten und untersteht mithin wie jede andere Staatstätigkeit dem Staatsinteresse als solchem [1]).

Ohne auf Einzelheiten einzugehen, mag nur darauf hingewiesen werden, daß man zur Behebung etwaiger Mißstände vorgeschlagen hat, worauf wir bereits hingewiesen haben [2]), die Einsetzung eines Untersuchungsausschusses von einem Beschluß über das Vorliegen der Untersuchungsvoraussetzungen abhängig zu machen. Um aber Kollisionen zweier Verfahren zu vermeiden, hat man weiter vorgeschlagen, eine Bestimmung in die Verfassung aufzunehmen, wonach die parlamentarische Untersuchung eines Verbrechens oder Vergehens erst beginnen darf, wenn das gerichtliche Strafverfahren beendigt ist [3]). In dieser Richtung bewegt sich der von Heinze-Kahl im Reichstag gestellte Antrag, demzufolge dem Art. 34 RV. folgender Absatz 2 hinzugefügt werden sollte: »Das Verfahren« (scl. der Untersuchungsausschüsse) »ist auszusetzen, wenn bei oder auch nach seiner Eröffnung wegen des gleichen Tatbestandes ein Untersuchungs- oder Strafverfahren an-

---

muß man, glaube ich, die Frage einer Kompetenzüberschreitung auch beim Höfle-Ausschuß verneinen. Vgl. zum Ganzen auch noch Jacobi, 34. Deutscher Juristentag Bd. II, S. 80 S. 103 f. Man wird Jacobi Recht geben müssen, wenn er l. c. S. 106 darauf hinweist, daß die ganze Frage der Untersuchungsausschüsse im wesentlichen eine Frage des parlamentarischen Taktes ist.

[1]) Hierauf weist sehr zutreffend Alsberg, 34. Deutscher Juristentag Bd. I S. 332 ff. hin, um so das ganze Problem der Untersuchungsausschüsse mit der großen Frage der Einheitlichkeit der Staatstätigkeit in Zusammenhang zu bringen.

[2]) Vgl. weiter oben S. 20.

[3]) Vgl. namentlich Rosenberg, 34. Deutscher Juristentag Bd. I S. 28.

hängig ist oder wird [1]), bis dasselbe rechtskräftig erledigt ist« [2]). Dagegen ist denn allerdings mit Lebhaftigkeit eingewandt worden, daß das in Wahrheit hieße, die parlamentarische Untersuchung in vielen Fällen einfach unmöglich zu machen, womit, da die Gerichtsfunktion des Staates im Staatsleben keineswegs immer eine prävalierende Bedeutung habe, dem Staatsinteresse nicht schlechthin gedient zu sein brauche. In den Verhandlungen des 34. Juristentages, in denen das pro und contra der verschiedenen Standpunkte eingehend erörtert wurde [3]), kam man in dieser Frage zu keiner Entscheidung, wenngleich man auch der gesetzlichen Regelung in irgendeiner Form nicht abgeneigt war [4]).

2. a) α) Ist somit das Problem der Untersuchungsausschüsse, soweit es sich um die Frage der Beziehungen der parlamentarischen und gerichtlichen Tätigkeiten zueinander und ihrer Wirkungen aufeinander handelt, keinesfalls als geklärt zu betrachten, ist auch die Frage einer etwaigen gesetzgeberischen Aktion noch durchaus in Fluß, so bezwecken die folgenden Untersuchungen, obwohl sie zur Klärung der Frage beitragen möchten, nicht kritisch zu den verschiedenen, vorhin erwähnten Vorschlägen de lege ferenda Stellung zu nehmen. Wohl aber beabsichtige ich, Material zur Lösung der Frage beizubringen, und zwar in Form einer auf ein bestimmtes Land und sein Recht beschränkten rechtsvergleichenden Untersuchung. Wenn ich dabei auf England zurückgreife, so erklärt sich das aus einem doppelten [5]): Einmal ist England das Land,

---

[1]) Man beachte, daß hier auch die Möglichkeit künftiger Gerichtsverfahren berücksichtigt wird. Untersuchungen sollen also stets ausgeschlossen sein, wenn auch nur die Möglichkeit eines künftigen Strafverfahrens besteht.

[2]) Reichstagsdrucksachen 1926 Nr. 2050.

[3]) Vgl. die eingehende Diskussion Bd. II S. 112 ff.

[4]) Anders kann der Beschluß (Bd. II S. 192, namentlich auch S. 860 ff.) wenn man an den Rosenbergschen Vorschlag (vgl. weiter oben S. 24 Anm. 3) denkt, nicht verstanden werden: »Eine Abänderung der Bestimmungen über parlamentarische Untersuchungsausschüsse, die auf eine prinzipielle Einschränkung oder Zurückdrängung der Tätigkeit der Ausschüsse hinzielt, empfiehlt sich nicht. Dagegen empfiehlt es sich, in gesetzgeberische Erwägungen darüber einzutreten, ob und wie zwecks reibungsloser Tätigkeit der Untersuchungsausschüsse ihr Verfahren, wie insbesondere das Beeidigungsrecht, das Recht auf Aktenvorlage, die Stellung des Vorsitzenden u. a., gesetzlich zu regeln ist. Hierzu werden die Gutachten des Reichsgerichtsrats Dr. Rosenberg und des Rechtsanwalts Dr. Alsberg und die Leitsätze des Berichterstatters Dr. Jacobi als Material den amtlichen Stellen vorgelegt.«

[5]) Wenn Jakobi, 34. Deutscher Juristentag Bd. II S. 95, meint, eine Parallele zwischen England und Deutschland könne überhaupt nicht gezogen werden, »weil das englische Parlament in seiner vollkommen souveränen Stellung

das auf die längste parlamentarische Geschichte zurückblicken kann, bei dem sich die Form des Parlamentstaates am reinsten und konsequentesten entwickelt hat. Kein Wunder, wenn fast alle Arbeiten, die sich irgendwie mit den Beziehungen zwischen Parlament und Gericht befassen, das englische Vorbild vergleichsweise mit heranziehen und mit behandeln [1] [2]. Andererseits aber ist die Darstellung, die vom englischen Rechtszustand [3]) gegeben wird, bisher zumeist keine vertiefte, so daß sowohl über die Einzelheiten wie auch über das Ganze keine hinreichende Klarheit in der deutschen Literatur vorhanden ist. Sie zu geben ist die Aufgabe des Folgenden, denn es gilt auch für das heutige Deutschland das Wort Burke's, das

---

für das englische Staatsrecht eine ganz andere Bedeutung hat, als die deutschen Volksvertretungen für das Reich und die Länder«, so kann ich dem nicht beistimmen. Einmal dürfte der Satz theoretisch zum mindesten nicht unanfechtbar sein. Ferner aber (und das halte ich für ausschlaggebend) haben wir doch nun einmal den Parlamentarismus bei uns eingeführt. Es erscheint mir daher dringend geboten, das englische Recht im Vergleich mit dem deutschen Recht auf das genaueste daraufhin zu untersuchen, wie das englische Recht und seine Praxis den Parlamentarismus überhaupt ermöglicht. Denn hierin liegt das Entscheidende. Allerdings (darin stimme ich wieder Jacobi bei) genügt der einfache Hinweis auf irgend eine Bestimmung des englischen Rechtes nicht, um ihre Anwendbarkeit auch ohne weiteres für das deutsche Recht zu empfehlen.

[1]) Dies tut Alsberg in seinem Gutachten, Jacobi in seinem Bericht für den Juristentag. Ähnlich verfahren Beckermann, Wichtigste Mittel der parlamentarischen Kontrolle, Erich Kaufmann, Untersuchungsausschuß und Staatsgerichtshof u. a. Zusammenfassende Darstellungen fehlen in der deutschen Literatur. Die Frage der Untersuchungsausschüsse als solche behandelt Gustav Cohn, Parlamentarische Untersuchungen in England 1875 (abgedruckt in Hildebrands Jahrbüchern für Nationalökonomie Bd. 25 S. 1 ff.). Aus der französischen Literatur sei unter anderem hingewiesen auf Fromageot, Étude sur les pouvoirs des Commissions Politiques d'enquête en l'Angleterre 1893.

[2]) Wenn die Vertreter des Gedankens des Parlamentarismus zur Verteidigung ihrer Ideen so gern auf England verweisen, so fürchte ich, nehmen sie nicht immer den richtigen Standpunkt zu den englischen Verhältnissen ein. Nur zu oft gehen sie von den Parlamentsrechten aus, die sie verteidigen, die sie für unentbehrlich erklären (die weiter oben häufig erwähnten Diskussionsverhandlungen des Juristentages bieten hierfür lehrreiche Beispiele). Wer aber den englischen Parlamentarismus begreifen und in bezug auf den Staatsgedanken werten will, muß von den Pflichten, nicht von den Rechten des Parlaments ausgehen. Sie zu erkennen und zu studieren, sollte man bei uns heute nicht versäumen in einer Zeit, in der das Neue, das wir eingeführt haben, uns gerade deshalb noch oft so unbekannt ist, selbst unbrauchbar erscheint, weil wir dem Pflichtgedanken im Parlamentarismus zu wenig Beachtung geschenkt haben.

[3]) Nicht der Rechtssatz in abstracto, sondern stets nur der auf ihm beruhende Rechtszustand, das also, was die Praxis aus ihm gemacht hat, ist in England das Entscheidende. Nur aus dem abstrakten Recht kann man mithin die englischen Rechtsverhältnisse niemals verstehen.

dieser vor 150 Jahren nach Paris schrieb: »Öfters, wenn ich betrachtete, daß wir von Euch nur durch ein schmales Gewässer von etwa vierundzwanzig englischen Meilen getrennt sind, und daß der wechselseitige Verkehr zwischen den beiden Ländern neuerdings so lebhaft geworden ist, bin ich erstaunt gewesen, zu finden, wie wenig Ihr doch von uns wisset« [1]).

β) Soll nun aber das englische Recht, so wie es in der heutigen englischen Praxis sich gestaltet hat, zur Darstellung gebracht werden, so möchte ich die Aufgabe des Folgenden nicht beschränken nur auf die Einrichtung der sogenannten Select Committees for enquiry und auf ihre Einwirkungsmöglichkeiten auf die Ausübung der englischen Gerichtsbarkeit. Die Frage, die in dieser Beziehung entsteht, muß in einem weiteren Zusammenhang betrachtet werden, eben da sie nur eine Teilfrage ist in Hinblick auf das umfassendere Gebiet der Beziehungen zwischen dem englischen Parlament und den Gerichten des Landes. Indem ich aber diese Frage zur Darstellung zu bringen beabsichtige, dürfte sich eine (nur scheinbare) Einschränkung von selbst verstehen, eine gewisse Erweiterung aber empfehlen. Die Beziehungen, auf die es hier ankommt, sind Beziehungen zwischen dem Parlament als solchem und den Gerichten. Daß das House of Lords als solches ein Gerichtshof letzter Instanz zur Entscheidung von Zivilsachen ist, interessiert in diesem Zusammenhang nicht weiter, ganz abgesehen davon, daß das House of Lords als Gericht mit dem House of Lords als Parlament tatsächlich nur noch den Namen, sonst aber nichts mehr gemein hat [2]). Ebenso ist es für uns ohne Bedeutung, daß das House of Commons eine gewisse Strafgewalt auch über Nichtmitglieder besitzt, einmal wegen Contempt of Court [3]), ferner wegen Breach of Privileges [4]). Und auch

---

1) Cohn, Parlamentarische Untersuchungen in England S. 3.

2) Vgl. Gerland S. 580 ff. und Viscount Birkenhead, Points of View vol. II p. 176—180.

3) Hier klingt die historische Tatsache an, daß sich das Parlament aus der Gerichtsbarkeit des Landes entwickelt hat. Die beiden Häuser werden mithin auch später noch als Courts betrachtet. Vgl. die in dieser Hinsicht äußerst interessanten Darlegungen bei Hales, Original Institution, Power and Judicature in Parliament 1707, der p. 75 den Court of Parliament den Highest Court of the Realm nennt. Vgl. zur Geschichte des Parlaments E. Porrit, The Unreformed House of Commons, zur Geschichte des House of Lords namentlich Turberville, The House of Lords in the reign of William III und The House of Lords in the XVIIIth Century. Vgl. ferner Todd vol. I p. 61 et seq. Die mehr technische Frage, ob das Parlament ein Court of Record ist, ist für das House of Lords, namentlich in seiner Eigenschaft als Gericht, selbstverständlich zu bejahen; bezüglich des House of Commons ist sie unentschieden. Gerland S. 1 Anm. 1; E. May p. 101. Das Ausgeführte ergibt aber, daß die Grenzen zwischen Parlament und Gerichten, was

die Tatsache, daß das House of Commons bei dem House of Lords, das übrigens in dieser Beziehung mit dem House of Lords als Parlament identisch ist [1]), Anklage wegen jeden Verbrechens in der Form des impeachment erheben kann, kann um so eher hier außer Betracht bleiben, als die ganze Einrichtung so gut wie obsolet ist [2]). Uns interessieren nur die Beziehungen, die zwischen dem Parlament und den Gerichten in bezug auf die Ausübung der Gerichtsbarkeit durch die letzteren bestehen. Da aber diese Frage in engstem Zusammenhang mit der Unabhängigkeit der Gerichte und Richter steht (bildet doch die Frage der Unabhängigkeit der Gerichte dem Parlament gegenüber nur einen Ausschnitt aus der weiteren Frage der Unabhängigkeit schlechthin), so mag die Erweiterung zugelassen werden, daß wir uns allgemein mit der Frage der richterlichen Unabhängigkeit in England beschäftigen. Und so sollen in dieser Beschränkung und Erweiterung die Beziehungen des Parlamentes und der Gerichte zu einer tunlichst erschöpfenden Darstellung gebracht werden. Unter Gerichten verstehe ich dabei nur die ordentlichen Gerichte, also die Friedensgerichte (Petty Sessions, Quarter Sessions), die Polizeigerichte, die Gerichte des Recorder, die County Courts, den Supreme Court [3]) und das House of Lords als Gerichtshof. Als Richter kommen mithin in Betracht die Justices of the Peace, die Stipendiary Magistrates, die Recorders, die County Court Judges und die hohen Richter, d. h. die Mitglieder des Supreme Court und die richterlichen Mitglieder des House of Lords [4]). Beiseite gelassen werden sollen aber die besonderen Gerichte, die vielfach nur noch historische Bedeutung haben; ihre Mitbehandlung würde die Darstellung erschweren, ohne daß dies in Hinblick auf die zu erzielenden Resultate von hinreichendem Wert wäre [5]).

b) Sollen nun aber die Beziehungen zwischen Parlament und Gericht zur Darstellung gebracht werden, so handelt es sich um eine Aufgabe, die sowohl in das Parlamentsrecht wie in das Gerichtsver-

---

die Ausübung der Gerichtsbarkeit anbelangt, fließende sind. Wir werden auf diese Tatsache noch zurückzukommen haben. Vgl. weiter unten S. 36.

4) E. May p. 73 et seq. mit zahlreichen Angaben aus der Praxis. Broom, Constitutional Law 2nd Ed. p. 968; Anson vol. I p. 381.

1) Hier entscheidet in der Tat das ganze Haus als Gerichtshof.

2) Gerland S. 589, 856 f.; Halsbury vol. IX p. 22.

3) Im Supreme Court sind wieder zu unterscheiden der High Court of Justice, der Court of Appeal und der Court of Criminal Appeal. Die Assisengerichte (Courts of Assize) sind Gerichtshöfe des High Court. Der Londoner Central Criminal Court kann ihm zugerechnet werden.

4) Es mag darauf hingewiesen werden, daß man in der englischen Rechtssprache unter den Judges schlechthin fast immer nur die hohen Richter versteht.

5) Vgl. Gerland S. 614 ff. in sehr eingehender Darstellung.

fassungsrecht hinübergreift. Die meisten Sätze, die wir im folgenden aufzustellen haben, gehören mithin nicht dem gesetzten Recht an, wie sich denn auch der Grundgedanke von der materiellen Unabhängigkeit der Gerichte in keinem Gesetz ausgesprochen findet [1])[2]). Namentlich gilt dies für das Parlamentsrecht. Allerdings ist ein Teil desselben, insbesondere soweit das Parlamentsverfahren in Frage kommt, in der Geschäftsordnung, den Standing Orders [3]) schriftlich niedergelegt. Allein selbst wenn man hier von einer Kodifikation der das Parlamentsverfahren regelnden Rechtssätze reden will [4]), so darf ein Doppeltes nicht übersehen werden: Einmal handelt es sich nur um eine Teilkodifikation, die übrigens nicht unbedingter Natur ist [5]), so daß die Ergänzung stets aus dem ungeschriebenen Recht

---

1) Man möchte beinahe den Satz aufstellen, daß es das englische Gesetzesrecht vermeldet, Selbstverständliches auszusprechen.

2) Es könnte höchstens auf den richterlichen Eid hingewiesen werden, der zu schwören ist dahin, »that I will well and truly serve and I will do Right to all Manner of People after the Laws and Usages of this Realm, without Fear or Favour, Affection or Illwill«. Vgl. 15 and 16 Geo. V c. 49 s 12 (4); 38 and 39 Vict. c. 77 s. 5; 31 and 32 Vict. c. 72 s. 4, s. 6.

3) Abgedruckt in dem Manual of Procedure in the Public Business, einer vom Clerk of the House verfaßten Darstellung des Parlamentverfahrens und der hierauf bezüglichen Vorschriften. Die Darstellung hat zum mindesten offiziösen Charakter, denn sie ist »laid on the table by Mr. Speaker«. Vgl. 4th Ed. p. 260 et seq. Vgl. ferner Redlich (1905!) S. 807 ff.

4) Vgl. Redlich S. 8, der vielleicht etwas zu pointiert sagt: »Das neue Parlamentsverfahren ist kein Gewohnheitsrecht, sondern gesetztes Recht«. Andererseits sagt Redlich S. 12 f. selbst ausdrücklich: »Der Gedanke, die geltende Geschäftsordnung des englischen Unterhauses etwa als System von Rechtssätzen und Formen rein juristisch zu erfassen, muß von vornherein absurd erscheinen.«

5) E. May p. 150: ». . . in the Commons, besides suspension by resolution, a standing order can be temporarly set aside by an order of the house which prescribes a course of action inconsistent with its provisions«. Vgl. hierzu die überaus interessanten Geschäftsordnungsverhandlungen in der Sitzung des House of Commons vom 1. 5. 1891 zur Tagesordnung. Auf die Anfrage eines Mitgliedes, ob nicht Standing Order XI zur Anwendung zu kommen habe, erwidert Mr. Speaker (3. H. D. vol. 352 s. 1854): »The Standing Order XI has been superseded, so to speak, by the Resolution passed yesterday, giving precedence to the Irish Land Purchase Bill over all Orders of the Day and Notices of Motion«. Auf wiederholte Anfrage, ob denn in der Tat Order XI aufgehoben sei, schränkt Mr. Speaker seine Ausführungen etwas ein, indem er feststellt: »It is virtually a repeal, or rather a suspension, so often as the Land Purchase Bill is appointed on Friday«. Faßt man eine Geschäftsordnung eines Parlaments rein individualistisch als Schutzordnung für die einzelnen Mitglieder oder etwaigen Minoritäten auf, so wird man eine derartige Praxis niemals begreifen können. Eine derartige Auffassung ist aber dem englischen Rechtsleben fremd. Hier erscheint die Geschäftsordnung, wie Redlich S. 247 ff. in glänzender Weise dargetan hat, als das politische Rüstzeug des Ministeriums, dem gegenüber die Rück-

zu erfolgen hat. Ferner dürfte die Auslegungsregel des Statute Law im Verhältnis zum Common Law, wonach jedes Statut die Rechtsbeständigkeit des Common Law voraussetzt und die Aufhebung eines Rechtssatzes des Common Law daher stets ausdrücklich erfolgen muß[1]), auf das Verhältnis des geschriebenen zum ungeschriebenen Parlamentsrecht zu übertragen sein. So bleibt die wichtigste Rechtsquelle, der wir uns im folgenden zu bedienen haben, das ungeschriebene Parlamentsrecht, wie es uns als anerkannte Praxis aus den Verhandlungen und Beschlüssen beider Häuser entgegentritt[2]). Daß dieses Recht festzustellen eine nicht leichte Aufgabe ist, mag mit Hinblick auf die Größe der mannigfaltigen Fehlerquellen, die eben bei der Rechtsfeststellung nur zu häufig sind, ausdrücklich hervorgehoben werden. Nirgend ist die Gefahr größer, aus den Bemerkungen eines beliebigen Mitgliedes des Parlaments eine Praxis des Parlamentes zu konstruieren, nirgends die Schwierigkeit bedeutungsvoller, festzustellen, ob eine in der Tat zu einem gewissen Zeitpunkt bestehende Praxis nicht späterhin einfach aufgegeben ist. Immerhin lassen sich, wie wir noch sehen werden, feste Rechtssäzte konstanter Praxis nach-

---

sicht auf die einzelnen Mitglieder gänzlich zurücktritt. Daß auf dieser Auffassung die Aktivität des durch und durch organisierten Parlaments beruht, kann nicht übersehen werden. Der schärfste Gegensatz, der zwischen dem englischen und deutschen Parlamentsleben besteht, dürfte daher der sein, daß das englische Parlament organisiert und damit diszipliniert ist, während das deutsche Parlament unorganisiert und damit leider auch undiszipliniert ist. Der deutsche Individualismus spielt hierbei eine nicht zu unterschätzende Rolle.

[1]) Blackstone-Kerr, Commentaries on the Laws of England, 4th Ed. vol. I p. 64 et seq. Vgl. ferner die trefflichen Ausführungen Hatscheks, Englisches Staatsrecht Bd. I S. 122.

[2]) E. May p. 73: »This law of Parliament is admitted to be part of the unwritten law of the land, and as such is only to be collected according to the words of Sir Edward Coke out of the rolls of Parliament and other records, iand by precedents and continued experience; to which is added, that whatever matter arises concerning either house of Parliament, ought to be discussed and adjugded in that house to which it relates, and not elsewhere«. Die eigentümlichen Schwierigkeiten der Aufgabe schildert E. May p. 149 treffend: »The proceedings of Parliament are regulated by ancient usage, by established practice, and by the standing and sessional orders. Ancient usage, when not otherwise declared, is collected from the journals, from history and early treatises, and from the continued experience of practised members. Modern practice is often undefined in any written form; it is not recorded in the journals; it is not to be traced in the published debates; nor is it known in any certain manner but by personal experience, and by the daily practice of Parliament, in conducting its various descriptions of business«. Diese Sätze lassen den außerordentlichen Einfluß des Werkes von May, das man ohne Übertreibung einen Parlamentsspiegel nennen kann, begreiflich erscheinen.

weisen, wie sie denn auch von der englischen Literatur, namentlich in dem grundlegenden Werk von Thomas E. May anerkannt worden sind.

II. Die Beziehungen zwischen Parlament und Gericht nach englischem Recht.

§ 2. 1) Die richterliche Unabhängigkeit und ihre Garantien in England.

I. 1. a) α) Daß die Gerichte ihres Amtes nach jeder Richtung hin in völliger Unabhängigkeit zu walten haben, ist ein Grundprinzip des englischen Rechtes, das als Grundsatz zweifellos schon lange vor der Zeit gegolten hat, in der man Garantien für diesen Grundsatz geschaffen und so die Unabsetzbarkeit der Richter eingeführt hat [1]). Der Grundsatz gilt als solcher ausnahmslos für alle Richter, gleichmäßig mithin für die hohen und niederen, für die beamteten und nichtbeamteten Richter. Die Justices of the Peace genießen dasselbe Recht auf sachliche Unabhängigkeit wie die Richter etwa des Supreme Court [2]), und es ist der Richtereid, den alle Richter vor ihrem Amtsantritt zu schwören haben, inhaltlich der gleiche für alle Richter [3]).

β) Die materielle Unabhängigkeit verhindert jedes staatliche nichtrichterliche Organ, in einen konkreten Fall, der zur Entscheidung vor ein Gericht gebracht ist, einzugreifen und auf irgendeine Weise zu versuchen, direkt oder indirekt die Entscheidung des Gerichtes zu bestimmen. Sie begreift in sich das Verbot, jemanden seinem gesetzlichen Richter zu entziehen, und es kann die Regierung weder von sich aus die Zuständigkeit der einzelnen Gerichte ändern, noch neue Gerichte errichten oder die gesetzlich festgelegte Zahl der Richter vermehren [4]). Daß derartige Anordnungen auf Grund eines Gesetzes aber möglich sind, ist selbstverständlich, und kann auch nach der Richtung hin nicht bezweifelt werden, daß es zu-

---

1) Vgl. Belege hierfür bei 3 H. D. vol. 235 ss. 421, 442.

2) Vgl. Gerland S. 816. Aus der englischen Literatur hebe ich nur beispielsweise hervor: Blackstone-Kerr, Commentaries on the Laws of England, 4th Ed. vol. I p. 236 et seq.; Todd vol. II p. 853 et seq.; Robson, Justice and Administrative Law p. 43 et seq.; Dawson, Principle of Official Independence p. 28 et seq. Geschichtliches bei Birkenhead, Points of View vol. II p. 147 et seq., ferner 3 H. D. vol. 352 s. 416 et seq. anläßlich der Frage der Unabhängigkeit der indischen Richter. Endlich Kern, Gesetzlicher Richter S. 11 ff.

3) Vgl. weiter oben S. 29 Anm. 2.

4) Todd vol. I p 570; vol. II p. 853.

lässig ist, die Zuständigkeit der Gerichte für den Einzelfall gesetzlich zu durchbrechen, eine Möglichkeit, die indessen namentlich in der heutigen Zeit, nur theoretische Bedeutung hat [1]).

2. a) Die Unabhängigkeit der Gerichte besteht dem Prinzip nach allen anderen Staatsorganen gegenüber, gleichmäßig mithin gegenüber den Verwaltungsbehörden und dem Parlament. Genau wie jede Kabinettsjustiz ist auch jede Parlamentsjustiz ausgeschlossen. Die Unabhängigkeit gegenüber dem Parlament wird übrigens stets scharf betont, begreiflich genug in einem Verfassungsstaat, in dem das Parlament eine derart präponderierende Bedeutung hat, wie in England [2]). Jeder direkte Einfluß des Parlaments auf die Rechtsprechung und sonstige Tätigkeit der Gerichte ist ausgeschlossen.

b) α) Das Ausgeführte will natürlich nicht besagen, daß die Gerichte nicht den Gesetzen unterworfen wären. Ihre Unabhängigkeit ist nur eine solche vom Gesetzgeber, nicht aber vom Gesetz. Und da, wie wir bereits hervorgehoben haben, gesetzliche Eingriffe in die Sphäre der Rechtsprechung (Durchbrechung der Zuständigkeitsordnung für den einzelnen Fall) rechtlich möglich sind, so sind, da auch

---

[1]) Keine Durchbrechung des Prinzipes bedeutet das Recht auf Nolle Prosequi. Zwar kann das Gericht verhindert werden, eine bei ihm bereits anhängige Sache zur urteilsmäßigen Entscheidung zu bringen. Allein das Nolle Prosequi versucht nicht, die Entscheidung des Gerichtes in bestimmter Richtung zu beeinflussen, sondern verhindert lediglich die Entscheidung des Gerichtes und ist mithin ebensowenig ein Eingriff in die Unabhängigkeit der Rechtsprechung wie etwa nach deutschem Recht eine Abolition. Vgl. übrigens Gerland S. 865; Renton, Encyclopaedia of the Laws of England, 2nd Ed. vol. IX p. 674.

[2]) Vgl. die Ausführungen von Lord Russel 3 H. D. vol. 66 s. 1124, von Gladstone 3 H. D. vol. 209 p. 658 et seq., insbesondere p. 757, von Walpole 3 H. D. vol. 140 p. 1560. Der letztere führt aus: »The last thing that House ought to do was to attempt to interfere with the administration of justice, because, by doing so, a suspicion would be raised that the administration of justice was interfered with for political purposes by political parties, and thus, instead of being rendered more pure, the dangers would be that the interests of justice should be damaged in the estimation of the country«. Vgl. ferner Todd vol. I p. 571: »Otherwise, they« (sc. the judges) »occupy a position of complete independence; and necessarily so, for they are bound to administer the law without fear and favour, and it may become their duty to pronounce judgments, and to take proceedings, of which the House of Commons itself may disapprove«; vol. II p. 724: Stubbs, Constitutional History of England vol. II p. 605; Dicey p. 405; Marriot, English Political Institutions 1924 p. 291; Dawson, Principle of Official Independence p. 45 und das Urteil Scott v. Stansfield Law Reports, Court of Exchequer vol. III p. 220 et seq.; de Franqueville, Gouvernment et Parlament Britanniques vol. III p. 318. Vgl. endlich auch Commons Papers 1875 vol. 30 p. 497.

einem solchen Gesetz sich die Gerichte zu beugen hätten [1]), hier Möglichkeiten gegeben, die nicht ohne Bedenken sind, die aber, wie gesagt, doch nur mehr theoretische Bedeutung haben [2]).

β) Daß aber die Gerichte in der Tat nur dem Gesetz, niemals aber dem Gesetzgeber unterworfen sind, zeigt sich in einem grundlegenden Satz der allgemeinen Lehre der Gesetzesauslegung. Danach wird ein Gesetz in dem Augenblick, in dem es Gesetzeskraft erlangt, durchaus selbständig und ist unabhängig von dem Willen des sogenannten Gesetzgebers auszulegen. Wenn nun auch der englische Richter die Ursachen zum Gesetz zu berücksichtigen hat [3]), so darf er doch bei der Auslegung des Statuts nur den Wortlaut heranziehen, nicht aber die Entstehungsgeschichte des Gesetzes, d. h. die Geschichte seiner parlamentarischen Behandlung benutzen [4]).

---

[1]) Daß insofern das Parlament als Gesetzgebungsorgan den Gerichten übergeordnet ist, ist nicht zu bezweifeln.

[2]) Eine Bestimmung wie Art. 76 RV. ist dem englischen Recht fremd.

[3]) Vgl. Blackstone-Kerr, Commentaries of the Laws of England, 4th Ed vol. I p. 62. Als erste Auslegungsregel wird hier die folgende aufgestellt: »There are three points to be considered in the construction of all remedial statutes; the old law, the mischief and the remedy: that is, how the common law stood at the making of the act; what the mischief was, for which the common law did not provide; and what remedy the legislature has provided to cure the mischief. And it is the business of the judges so to construct the act, as to suppress the mischief and advance the remedy.«

[4]) Dicey p. 403: »The principle that Parliament speaks only through an Act of Parliament greatly increases the authority of the judges. A Bill which has passed into a statute immediately becomes subject to judicial interpretation, and the English Bench has always refused, in principle at least, to interpret an Act of Parliament otherwise than by reference to the words of the enactment. An English judge will take no notice of the resolutions of either House, of anything which may have passed in the debate (a matter of what officially he has no cognizance) or even of the changes which a Bill may have undergone between the moment of its first introduction to Parliament and of its receiving the Royal assent. All this, which seems natural enough to an English lawyer, would greatly surprise many foreign legists, and no doubt often does give a certain narrowness to the judicial construction of statutes. It contributes greatly, however both . . . to the authority of the judges and the fixity of the Law«. Das House of Lords hat diesen Standpunkt auch vertreten. Vgl. 3 H. D. vol. 209 s. 685, wo mehrere Urteile erwähnt werden. In einem derselben heißt es: »The intention of the Legislature must be ascertained from the words of a statute . . .«. In einem andern wird ausgeführt: »When the Legislature has confined itself to one specific mode of accomplishing its purpose, and carrying into effect the intention with which is made an enactment, we are not to go further and look at the presumed intention of the Legislature, and add enactments which the Legislature never made — provisions beyond what the legislature has made, for the purpose of completing that which it left incomplete, and supplying what it left defective«. Wenn man sich erinnert, wie man von gewisser freirechtlicher

Entwürfe, die Verhandlungen im Parlament, Anträge oder deren Ablehnung sind für die Auslegung des Statuts ohne Bedeutung. Und selbst eine übereinstimmende Erklärung der Regierung und der Parteien im Parlament, ein bestimmter Satz in einem zu verabschiedenden Gesetz solle in der und der Richtung verstanden werden, ist für den Richter ohne jede Bedeutung. Die Unabhängigkeit der Gerichte vom Parlament ist mithin in betreff der Auslegung der Gesetze eine völlige, wie denn auch eine authentische Deklaration eines bestimmten Rechtssatzes stets nur in der Form eines Gesetzes — ich sehe, da wir vom Parlament ausgehen, vom Case Law ab — erfolgen kann.

c) α) Dem Gesetz unterworfen, in der Auslegung frei, das ist, kurz ausgedrückt, das Verhältnis der Gerichte zum Parlament. Umgekehrt entsteht nun aber auch die Frage, in welchem Verhältnis das Parlament als gleichfalls unabhängiges Staatsorgan zu den Gerichten steht. Hier ist zu bemerken:

Was die Entscheidungen der Gerichte anbelangt, so ist das Parlament an dieselben gebunden und untersteht somit der gerichtlichen Judikatur. Es ist alt anerkannter Satz des englischen Rechtes, daß eine der grundlegenden Pflichten und Aufgaben des Parlaments ist, »to be observant of the courts of justice«[1]). So, wie in freier Auslegung die Richter den Inhalt des Statutarrechtes festgelegt haben, so, wie sie in ihren Entscheidungen das Common Law doch tatsächlich mitgebildet haben, steht das Statut, steht das Common Law auch für das Parlament fest. Mag die Entscheidung noch so sehr vom Parlament abgelehnt werden, sie ist und kann von keiner Seite in Frage gestellt werden, was bei der Gesetzeskraft der englischen Urteile von ganz besonderer Bedeutung ist. Und dem Parlament bleibt, falls es einen anderen als den durch die Judikatur geschaffenen Rechtszustand haben will, kein anderer Weg übrig als der der Gesetzgebung. Der

---

Seite aus das Freirecht in England verwirklicht wähnte, und wenn man diese durch die höchsten Gerichte Englands unweigerlich festgelegte Auslegungspraxis sieht, so wird man unwillkürlich wiederum an die weiter oben S. 27 zitierten Worte Burke's erinnert, wie wenig wir doch England kennen, Worte, deren Richtigkeit auch für die heutige Zeit wenigstens in bezug auf diese Frage und manche unserer Freirechtler wirklich nicht gut in Abrede gestellt werden kann. Vgl. zum Ganzen übrigens auch das grundlegende Werk von B. Maxwell, Interpretation of Statutes, 4th. Ed. 1920. Sehr treffend sagt übrigens schon Hamilton, The Federalist vol. II p. 291, 295: »If (the judiciary) may truly be said to have neither force nor will, but merely judgment. ... the courts must declare the sense of the law; and if they should be disposed to exercise will instead of judgment, the consequence would ... be the substitution of their pleasure to that of the Legislative body.«

[1]) Vgl. z. B. Todd vol. I p. 571.

ist natürlich stets möglich, auch gegenüber einem Urteil, das das House of Lords in letzter Instanz gefällt hat [1]). Da nun dieser Weg dem Parlament stets offen steht, kann man in der Tat sagen, daß insofern die Parlamentsgewalt der Gerichtsgewalt übergeordnet ist. Aber da die »Supremacy of the Law« auch für das Parlament besteht [2]), das Gericht aber letzten Endes den Inhalt des Rechtes zu erklären hat, so ist auch das Gericht wieder dem Parlament übergeordnet, so daß man in Wahrheit keiner von beiden Gewalten eine die andere überragende Bedeutung im Staatsleben beimessen kann.

Weiter oben haben wir bereits bemerkt, daß das Parlament eine gewisse Jurisdiktion für sich in Anspruch nimmt und Strafen wegen Contempt of Court und Breach of Privileges selbst verhängt [3]). Es ist nun die auch heute noch nicht ausgetragene Streitfrage, die in der Tat weittragende Bedeutung hat, entstanden, ob die Gerichte die Frage, ob ein Breach of Privileges vorliegt, ob zu Recht wegen eines Contempt of Court von einem der Häuser gestraft ist, einer Nachprüfung unterziehen dürfen [4]). Die Parlamente haben

---

[1]) Vgl. Marriot, English Political Institutions p. 291, mit der, wie der Text ergibt, etwas einseitigen Feststellung: »Thus the Judiciary in England, though distinct from the Legislature, is in the last resort inferior to it.« Vgl. übrigens auch die trefflichen Ausführungen Hamiltons, The Federalist vol. II p. 290 et seq. Beispiele für Abänderungen des Rechtes infolge von dem Parlament unzulänglich erscheinenden Urteilen sind häufig. Ein bekanntes Beispiel aus der Mitte des vorigen Jahrhunderts ist 3 and 4 Vict. c. 9, ein Statut, welches im Anschluß an den noch zu erwähnenden Fall Stockdale die gesetzliche Immunität für alle auf Befehl des Parlaments veröffentlichten Druckschriften einführte. Die Trades Disputes Act 6 Edw. VII c. 47 war die Folge der berühmten Entscheidung im Taff Vale Fall. Vgl. auch Halsbury vol. XXVII p. 647 n. (o); Sidney and Beatrice Webb, The History of Trade Unionism p. 600 et seq. Vgl. übrigens auch die interessanten Ausführungen Gladstones über ein Urteil betreffend die Land Act von 1870, 3 H. D. vol. 206 s. 1978; dazu die Verhandlungen im House of Lords eodem loco s. 1974 et seq. Vgl. ferner 3. H. D. vol. 67 s. 997.

[2]) Vgl. Dicey p. 179, der von den zwei Grundsätzen des englischen Verfassungslebens ausgeht, der sovereignty of the Parliament und der supremacy of the Law. Wie weit die englische Auffassung diese Herrschaft des Rechts anerkennt, beweisen die Ausführungen Maitlands, Constitutional History p. 484: »Ministers are not responsible to Parliament; neither House of Parliament, nor the two houses together, has any legal power to dismiss one of the King's Ministers. But in all strictness the Ministers are responsible before the Courts of Law, and before the ordinary Courts of Law, and they are there responsible even for the highest acts of state; for those acts of state they can be sued or prosecuted, and the High Court of Justice will have to decide, whether they are legal or not.«

[3]) Vgl. weiter oben S. 27.

[4]) Vgl. E. May p. 135: »The precise jurisdiction of courts of law in matters of privilege is one of the most difficult questions of constitutional law that has ever arisen. Upon these points the precedents of Parliament are contradictory,

die Frage ständig verneint, von dem Gedanken ausgehend, daß jedes Haus alleiniger und ausschließlicher Richter in allen seine Vorrechte betreffenden Sachen sei, da nur das Parlament selbst den Umfang seiner Privilegien feststellen könne. Die Gerichte haben sich allerdings in nicht ganz feststehender Praxis im wesentlichen auf den Standpunkt gestellt, parlamentarische Privilegien beruhten auf Rechtssätzen, da das Parlamentsrecht ein Teil des Rechtes des Landes sei; da nun die Gerichte das Recht des Landes zu administrieren hätten, so hätten sie zweifellos auch über die Frage der Rechtsbeständigkeit der vom Parlament in Anspruch genommenen Privilegien zu entscheiden. Das Parlament hat aber die von den Gerichten in dieser Richtung hin erlassenen Entscheidungen niemals anerkannt und hat Privatpersonen, die in Angelegenheiten, die die Privilegien berührten, Klage vor den Gerichten erhoben, Vollstreckungsbeamte, die die daraufhin ergangenen Urteile vollstreckten, ihrerseits wegen Breach of Privileges bestraft, worauf die Gerichte, nicht minder energisch, die Parlamentsbeamten wegen Contempt of Court bestraft haben[1]). Hier ist also offenbar die Möglichkeit von Übergriffen des Parlaments auf das Gebiet der Rechtsprechung gegeben. Maßgebend sind dabei aber nicht etwa politische Tendenzen; ausschlaggebend ist vielmehr, daß das englische Recht eine Parlamentsjustiz in beschränktem Umfang anerkennt, diese aber nicht in hinreichendem Maße von der Gerichtsjustiz abgrenzt. Kommt es zu einem Konflikt, so handelt es sich um einen Kompetenzkonflikt, da das Parlament die Zuständigkeit der Gerichte nicht anerkennt, vielmehr eine ausschließliche Zuständigkeit für sich in Anspruch nimmt, deren Aufrechterhaltung, man kann wohl sagen, mit einer gewissen Eifersucht überwacht wird.

β) So eifersüchtig das Gericht seine Selbständigkeit und Unabhängigkeit dem Parlament gegenüber gewahrt hat und heute noch wahrt, ebenso sehr ist das Parlament darauf bedacht gewesen, einen Einfluß der Gerichte oder, sagen wir besser, der Richter auf seine

---

the opinions and decisions of judges have differed, and the most learned and experienced men of the present day are not aggreed.« May begnügt sich im wesentlichen eine Übersicht der Ansichten zu geben. Vgl. p. 136 et seq.

[1]) Durchaus mit Recht sagt E. May p. 147: »... but it must be acknowledged that the position of privilege is unsatisfactory.« Man muß ihm zustimmen, wenn er Beseitigung der Streitfrage durch ein Statut verlangt. Wieweit übrigens das Parlament den Gerichten gegenüber zu gehen wagte, darüber vgl. E. May p. 141: »The Commons have restrained suitors and their counsel by prohibition and punishment, they have imprisoned the judges, they have coerced the sheriff; but still the law has taken its course.« Vgl. übrigens zum Stockdale Fall Redlich S. 305, namentlich aber Anson vol. I p. 190 et seq.; Broom, Constitutional Law, 2nd Ed. p. 875—960.

Tätigkeit auszuschließen. Man hat mit Recht darauf hingewiesen, daß, wenn das 18. Jahrhundert den Kampf um die Unabhängigkeit der Gerichte geführt habe, man im Beginn des 19. Jahrhunderts um die Unabhängigkeit des Parlaments gekämpft habe[1]). Und wenn auch für das im Lauf der Zeit erreichte Ausscheiden der Richter aus dem Parlament der Grund mitmaßgebend war, den Richter während seiner Gerichtstätigkeit völlig dem politischen Kampf zu entziehen[2]), so kann andererseits doch nicht verkannt werden, daß auch der andere Gesichtspunkt mitgesprochen hat, das Parlament von dem richterlichen Einfluß freizumachen. Diese Unabhängigkeitstendenz des Parlaments hat nun zu einem Satz geführt, der eigentlich etwas sonderbar anmutet. Danach sollen gutachtliche Äußerungen der Richter, die der Regierung in Hinblick auf eine im Parlament eingebrachte Vorlage erstattet sind, dem Parlament nicht mitgeteilt werden, um dieses nach der einen oder anderen Richtung hin zu beeinflussen[3]). Andererseits kann das House of Lords (die Initiative geht aber hier vom Parlament aus) selbst die hohen Richter zur gutachtlichen Äußerung in Rechtsfragen auffordern, ein Recht, von dem, wenn auch selten, so doch tatsächlich Gebrauch gemacht wird[4])[5]).

II. Haben wir so das Prinzip der materiellen Unabhängigkeit der Gerichte kennengelernt, so haben wir uns nunmehr der weiteren Frage zuzuwenden, inwieweit diese Unabhängigkeit garantiert ist. Ehe wir uns indessen dieser Frage im einzelnen zuwenden können, sind zwei allgemeine Bemerkungen vorauszuschicken. Es finden sich Garantiebestimmungen, die den Richter der Verwaltung, und dem Parlament gegenüber sicherstellen sollen, dann aber auch solche, die, was besonders beachtenswert erscheint, ihn vor der Öffentlichkeit, d. h. also vor dem Publikum schützen sollen[6]).

---

1) Viscount Birkenhead, Points of View vol. II p. 163.

2) Vgl. hierzu Birkenhead l. c. p. 147 et seq.; ferner Gerland S. 813 f., wo indessen doch die historische Entwicklung nicht genügend berücksichtigt ist.

3) Todd vol. I p. 578: »Opinions given by judges to the government to a Bill pending in Parliament ought not to be produced of influencing the House in its legislative capacity, or to form the ground work of legislative enactment.« Vgl. auch Mirror of Parliament 1833 p. 2559.

4) Todd vol. I p. 578, vol. II p. 853 et seq.; E. May p. 195. Vgl. auch Journal of the Lords vol. 129 s. 100, 109 (1897).

5) Sehr weitgehend betont die Unabhängigkeit des Parlaments gegenüber den Richtern der Bericht, der über die Beziehungen der Richter zu dem Court of Parliament in dem parlamentarischen Strafverfahren gegen Warren Hastings von einen Untersuchungsausschuß des House of Commons am 30. 4. 1794 erstattet wurde. Vgl. Commons Journal vol. 49 p. 505 et seq.

6) Todd vol. II p. 854 unterscheidet ähnlich: »Nevertheless, the integrity and independence of the judicial office are amply secured from encroachment

Ferner ist zu beachten, daß die Bestimmungen über die richterlichen Garantien nicht für alle Richter einheitlich gelten; die hohen Richter[1]) genießen einen weitergehenden Schutz als die niederen Richter, und auch bei ihnen variieren die Vorschriften im einzelnen. Dies voraus geschickt, mag im einzelnen folgendes bemerkt werden.

1. a) Die Garantien, die der Verwaltung gegenüber gegeben sind, bestehen darin, daß die Richter, soweit sie nicht Ehrenrichter sind[2]), ein festes Gehalt beziehen, für das selbstverständlich der Rechtsweg stets offen steht[3]), und daß sie bedingt unabsetzbar sind. Ein Ausschluß der Versetzbarkeit besteht innerhalb der einzelnen Richterkategorien nicht[4]), was indessen ohne größere Bedeutung ist. Denn da eine richterliche Laufbahn, der sich der einzelne anschließt, nicht existiert, da weiterhin die verschiedenen Gerichte untereinander in keinem inneren organisatorischen Zusammenhang stehen, da endlich — dies gilt namentlich für die hohen Gerichte — die Gerichtsbarkeit zum Teil in London zentralisiert ist, so spielen Versetzungen nicht die Rolle, die sie unter einem so anderen Gerichtssystem als dem deutschen spielen könnten. Schwierigkeiten können eigentlich nur bei den Grafschaftsrichtern entstehen; die parlamentarische Kontrolle aber wird Eingriffe der Verwaltung, die nicht auf sachlichem Grunde beruhen, zu verhindern wissen, sofern solche Eingriffe, was wenig wahrscheinlich ist, überhaupt vorkommen sollten[5]).

b) Was die Unabhängigkeit der Richter betrifft, so ist hier zu unterscheiden. Ein Teil der Richter ist angestellt »during good behaviour« oder, wie es in dem berühmten Act of Settlement heißt,

---

either by the crown, the courts, or the legislature.« Unter der Sicherung gegenüber den Gerichten versteht er, wie im Text darzulegen sein wird, das, was wir als Sicherung gegen die Allgemeinheit bezeichnen. Vgl. übrigens zum Folgenden insbesondere Viscount Birkenhead, Points of View vol. II p. 147 et seq.; Dawson, Official Independence p. 35 et seq.; Robson, Justice and Administrative Law p. 50 et seq.; E. May p. 270 et seq. Vor allem auch Gerland S. 816 ff.

[1]) Zu den hohen Gerichten gehören der Supreme Court und das House of Lords. Die Richter dieser Gerichte sind hohe Richter.

[2]) Dies sind die sogenannten Justices of the Peace, auch Magistrates genannt.

[3]) Es ergibt sich das aus der Supremacy of the Law, auf die wir weiter oben hinwiesen (vgl. S. 35 Anm. 2). Die englischen Gerichte sind eben die letzte Instanz für alle Rechtsstreitigkeiten, da ein Unterschied zwischen bürgerlicher Streitsache und Verwaltungsstreitsache in Hinblick auf die Zuständigkeit der Rechtsschutzorgane des Staates nicht gemacht wird. Dicey p. 179.

[4]) 36 and 37 Vict. c. 66 s. 31; 51 and 52 Vict. c. 43 s. 13; 15 and 16 Geo. V c. 49 s s. 2, 3.

[5]) Vgl. zum Ganzen Gerland S. 821; Anson vol. II, 2 p. 268.

»quam diu se bene gesserint«[1]), ein anderer Teil aber »during the pleasure of the Crown«.

α) Beginnen wir mit den during good behaviour angestellten Richtern, so ist zunächst festzustellen, welche Richter in dieser Weise angestellt werden. Es sind dies alle hohen Richter, ferner die Recorders[2]), endlich die Grafschaftsrichter[3])[4]). Eine merkwürdige Ausnahme besteht für den Lord Chancellor. Politischer Beamter und hoher Richter in einer Person, steht und fällt er als Mitglied des Kabinetts, bleibt aber auch als Ex-Chancellor als hoher Richter weiter tätig[5]). Da nun die Bestimmung des Judicature (Consolidation) Act ausdrücklich den Lord Chancellor aus der Reihe der Richter ausnimmt, die during good behaviour angestellt werden[6]), so haben wir hier scheinbar eine Ausnahme von der bedingten Unabsetzbarkeit der Richter, auf die wir sofort noch zurückkommen werden. Die Ausnahme ist aber in der Tat nur eine scheinbare, denn daß auch ein Ex-Chancellor nicht unbedingt unabsetzbar ist, ergibt sich aus der Möglichkeit, die dem House of Commons zusteht, einen Staatsprozeß gegen ihn vor dem House of Lords auf Grund eines impeachment anzustrengen[7]).

---

[1]) 12 and 13 Will. III c. 2 s. 3 »... may be enacted ... that ... Judges' Commissions shall be made quam diu se bene gesserint and their salaries ascertained and established, but upon an address of both Houses of Parliament it may be lawful to remove them«. Daß im Fall eines Thronwechsels die richterlichen Ernennungen nicht zu erneuern sind, bestimmt 1 Geo. III c. 23.

[2]) Recorders sind Strafrichter mittlerer Zuständigkeit in den Städten. Vgl. Gerland S. 124 ff.; Archhold, Quarter Sessions 5th Ed. p. 67.

[3]) 51 and 52 Vict. c. 43 s. 15.

[4]) Es mag darauf hingewiesen werden, daß richterliche Funktionen in England nicht nur von Richtern im formellen Sinn, sondern auch von anderen gerichtlichen Beamten ausgeübt werden. Es verdient Beachtung, daß diese Beamten zum Teil auch unabsetzbar sind. So werden die Masters u. a. m. am High Court ebenfalls »during good behaviour« ernannt. Vgl. 15 and 16 Geo. V c. 49 ss. 57, 115, 128, 3d Schedule I. Bezüglich der Registrars an den Grafschaftsgerichten vgl. Yearly County Court Practice 1928 vol. I p. 11 und 17. Hier ist Unabsetzbarkeit trotz weitgehender Beteiligung an der Rechtsprechung (vgl. Gerland S. 245 ff.) nicht garantiert. Yearly County Court Practice p. 17: »It will be noted that the Chancellor's discretion is ... not confined ... to cases of inability or misconduct.« 51 and 52 Vict. c. 43 s. 27.

[5]) Während der Erkrankung des 1928 verstorbenen Lord Chancellor hat sein Vorgänger im Amt ihn auch als Richter vollständig vertreten. Daß dieser Mitglied einer Regierung der Labour Party, jener einer Tory Regierung war, mag zur Charakterisierung der ganzen Verhältnisse ausdrücklich hervorgehoben werden.

[6]) 15 and 16 Geo. V c. 49 s. 12 (1).

[7]) Vgl. hierzu weiter oben S. 28.

Die Ernennung zum Richter during good behaviour berechtigt diesen, das Richteramt during good behaviour auszuüben, ermöglicht aber andererseits die Justizverwaltung, ihn wegen misbehaviour abzusetzen. Seine Unabsetzbarkeit ist mithin eine durch good behaviour bedingte, und es ist somit nötig, wenn wir die Grenzen der Absetzungsmöglichkeit feststellen wollen, den Begriff des misbehaviour, d. h. also den Tatbestand der Absetzungsmöglichkeit, inhaltlich zu bestimmen. Dabei ist unter good behaviour ein dem Amt entsprechendes Betragen zu verstehen [1]). Daraus ergibt sich misbehaviour als ein dem Amt nicht entsprechendes Verhalten. Es wird in dreifacher Hinsicht angenommen: einmal bei Mißbrauch der Amtsbefugnisse (improper exercise of judicial functions), ferner, bei vorsätzlicher Vernachlässigung oder Nichterfüllung der Amtspflichten, endlich bei der Begehung einer infamierenden Straftat, falls Verurteilung erfolgt ist, und falls die Begehung der Tat den Täter zur Ausübung eines öffentlichen Amtes ungeeignet erscheinen läßt [2]). Daraus ergibt sich:

Einmal: der Tatbestand ist, namentlich in seiner zweiten Möglichkeit, durchaus relativ gehalten, die Praxis läßt aber die Entfernung nur in den schwersten Fällen zu, legt also den Begriff misbehaviour durchaus einschränkend aus [3]).

---

[1]) Todd vol. II p. 857: »Behaviour means behaviour in the grantee's official capacity.«

[2]) Todd vol. I p. 857 et seq.: Anson vol. II, 1: »Misbehaviour appears to mean misconduct in the performance of official duties, refusal or deliberate neglect to attend to them, or, it would seem, conviction for such an offence as would make the convicted person unfit to hold a public office.«

[3]) Dies beweist namentlich die parlamentarische Praxis. So sagt Lord Russel bei der Besprechung des Falles des Richters Baron Smith: ». . . he regarded the independence of the judges to be so sacred that nothing but the most imperious necessity should induce the House to adopt a course . . .« (3 H. D. vol. 66 p. 1124). Vgl. auch Gladstones Ausführungen 3 H. D. vol. 209 p. 757). Vgl. ferner aus neuerer Zeit die bedeutungsvollen Verhandlungen über das Verhalten des Judge Grantham, House of Commons, 6. 7. 1906 (4 H. D. vol. 160 p. 370 et seq.). Hier führt der Attorney General in Hinblick auf die Voraussetzung einer Amtsentfernung wegen misbehaviour aus: ». . . there is the recognition of one prevading and important principle namely, that this House will not inflict the penalty except for some defect of moral quality on the part of the learned judge.« Ebenso erklärt Walpole 1856 (3. H. D. vol. 140 p. 1560): »Unquestionably the judges might be made amenable to the House for corruption or perversion of justice.« Bei derselben Gelegenheit führt Lord Palmerston aus p. 1561: »Cases of the abuse in the administration of the law might arise, it was true, — cases of such gross perversion of the law, either by intention, corruption, or by incapacity, as to make it necessary for the House of Commons to exercise the power rested in it . . .« Andere Beispiele finden sich 4 H. D. vol. 160 p. 394 angegeben.

Ferner: die Frage entsteht, ob eine Amtsenthebung auch möglich ist wegen Mangels der zur Ausübung des Amtes erforderlichen geistigen und körperlichen Fähigkeiten, ob mithin der Begriff des misbehaviour nicht nur subjektiv als breach of good behaviour, sondern auch rein objektiv als incapacity zu verstehen ist. Für die erste Auffassung spricht die Tatsache, daß das Gesetz bei der Amtsenthebung der Grafschaftsrichter ausdrücklich neben misbehaviour den Fall der incapacity als Grund für Amtsenthebung hervorhebt, dies aber nicht tut bei der Amtsentfernung der hohen Richter[1]). Allerdings mag die ausdrückliche Erwähnung der incapacity bei den Grafschaftsrichtern auch nur erfolgt sein, um jeden Zweifel zu beseitigen. Jedenfalls ist die zweite Auffassung von der Praxis adoptiert. Man begründet sie damit, daß die Ernennung during good behaviour einen »estate for life« hinsichtlich des Amtes begründe, daß aber dieser »estate« hinfällig werde bei Wegfall der notwendigen Voraussetzungen, d. h. der geistigen Fähigkeiten. Danach hat die Praxis die Absetzungsmöglichkeit streng auf den Fall des Mangels geistiger Fähigkeiten beschränkt, so daß Absetzung wegen körperlicher Unfähigkeit nicht zulässig ist[2]) [3]). Amts-

---

1) 51 and 52 Vict. c. 43 s. 15 (vgl. dazu Halsbury vol. VIII p. 415), ferner 15 and 16 Geo. V c. 28 s. 7, wo es heißt, daß bestimmte Beamte des Supreme Court »hold office during good behaviour, provided that the power to remove any such person from his office on account of misbehaviour shall be exercisable by the Lord Chancellor, and the Lord Chancellor shall have power to remove such person from his office on account of inability to perform the duties of the office«.

2) Vgl. die Verhandlungen im House of Lords über eine Beschwerde betreffend das zu hohe Alter eines Richters am 19. 4. 1866. Hier erklärt die Regierung ausdrücklich (3 H. D. vol. 182 p. 1633): »And yet, if he unterstood the noble Marquis, the whole ground of his accusation against the learned Judge was that he had arrived of the age of ninety. Even if there had been any error or mistake on the part of the Judge, that would not be a ground for bringing the matter before the Houses of Parliament, unless it was clear that the mistake arose from the decay of his mental power.« Insbesondere p. 1636: »Now, he did not mean to say that if a Judge was really incapable — if his mental faculties were so impaired as to render him unfit for the discharge of his duties, and if he still clung to the bench so that the force of public opinion could not induce him to resign, both Houses might not address the Crown to remove him. But no case ought to be brought forward unless it were of a nature so serious as to lead to that result.« Übereinstimmende Erklärungen gibt die Regierung, ohne Widerspruch zu finden, in demselben Fall am 11. 5. 1866 im House of Commons ab. Vgl. 3 H. D. vol. 183 p. 778 et seq., insbesondere p. 784. Vgl. auch Lord Palmerston 3 H. D. vol. 144 p. 1561. Andere Beispiele sind nicht selten. Neuerdings ganz klar 4 H. D. vol. 160 p. 395.

3) Weiter geht Todd vol. II p. 857: »The legal effect of the grant of an office during good behaviour is the creation of an estate for life in the office. Such an estate is terminable only by the grantees incapacity from mental or

enthebung wegen Mangels hinreichender geistiger Fähigkeiten ist mithin zulässig [1] [2] [3].

Was nun die Tatbestände anbelangt, bei denen die Praxis misbehaviour angenommen hat (selbstverständlich sind die Fälle sehr selten), so tritt uns ein Tatbestand entgegen, der immer wieder hervorgehoben wird [4], und der daher hier auch besonders erwähnt werden muß. Es ist die parteipolitische Betätigung seitens des Richters. Denn es wird als Berufspflicht vom Richter verlangt, daß er sich nach seiner Ernennung zum Richter parteipolitisch nicht mehr betätigt. Zumeist oder doch mindestens sehr häufig aus parteipolitischen Erwägungen heraus in die Richterstellung berufen [5], scheidet er mit

---

bodily infirmity, or by his breach of good behaviour.« Todd läßt also Amtsenthebung auch zu bei körperlicher Unfähigkeit. Der parlamentarischen Praxis entspricht das nicht. Wie Todd auch Hatschek, Englisches Staatsrecht Bd. II S. 541.

[1]) Die Praxis ist indessen, wie die in den vorstehenden Anmerkungen zitierten Verhandlungen ergeben, auch hier restriktiv.

[2]) Meine Gerland S. 819 geäußerte Auffassung gebe ich mithin auf.

[3]) Daß Mangel an Rechtskunde niemals incapacity begründen kann, ist selbstverständlich. Vgl. die interessanten Verhandlungen im House of Commons 3 H. D. vol. 140 p. 1544 et seq., wo der stets betonte Grundsatz, das Parlament dürfe sich nicht die Funktionen eines Instanzgerichtes anmaßen, scharf herausgearbeitet wird. Ferner 3 H. D. vol. 158 p. 1752. Vgl. auch Robson, Justice and Administrative Law p. 47 et seq.

[4]) Hier mag namentlich auf die eingehenden Verhandlungen über den Fall des Judge Grantham im House of Commons vom 6. 7. 1906 hingewiesen werden; sie enthalten eine Fülle des interessantesten Materiales nach jeder Richtung und sind für die im Text behandelte Frage grundlegend. Vgl. 4 H. D. vol. 160 p. 369 et seq. Sehr mit Recht führt hier Balfour p. 406 aus, daß fast alle Fälle, die zu einem disziplinarischen Einschreiten gegen hohe Richter geführt haben, mit Parteipolitik eng verknüpft waren. Daß dies richtig ist, beweist die Zusammenstellung der Praxis bei Todd vol. II p. 861 et seq., auf die ich einfach verweise.

[5]) Birkenhead, Points of View vol. I p. 117 et seq., versucht diese Behauptung einigermaßen zu widerlegen oder doch abzuschwächen. Daß seine Darlegungen gerade überzeugend wirken, kann man nicht gut behaupten: »Neither the Lord Chief Justice of England, the Master of the Rolls nor any one of the five Lord Justices has ever sat in Parliament« (der Lord Chief Justiceposten wird immer dem Attorney General, der ein rein politischer Beamter ist, vorbehalten). »Two out of the six Chancery Judges have sat, and also have sat six of 17 of the puisne Judges of the King's Bench. The President of the Probate, Divorce and Admiralty Division has sat in Parliament. The puisne Judge of that Division has not. It is difficult to state the situation as regards the County Court Judges with statistical accuracy, but apparently 6 out of 54 judges have sat in Parliament. I state these facts not by way of apology, but to demonstrate how ill-informed is any criticism based on the supposition that the Lord Chancellor's patronage has been actuated by any political motives.«

seiner Ernennung zum Richter aus dem parteipolitischen Leben aus, um der völlig unparteiischen Stellung halber, die er als Richter zu wahren hat[1]). Verletzt ein Richter diesen Grundsatz, so kann dies zu seiner Absetzung führen[2]). Dabei ist zu beachten, daß es nicht nur darauf ankommt, daß die politische Betätigung bei Ausübung des Amtes stattgefunden hat. Wie stets auch in einem außeramtlichen Verhalten misbehaviour gesehen werden kann[3]), so kann auch eine politische Äußerung usw., getan außerhalb des Gerichts, den Richter auf das schwerste diskreditieren, ja zur weiteren Ausübung des Amtes als ungeeignet erscheinen lassen. Es muß aber andererseits eine wirklich bedeutungsvolle Entgleisung des Richters vorliegen, so schwer, daß sie das Ansehen der Richter, damit dann der Gerichte als solche zu erschüttern in der Lage ist[4]). Ob sie das tut, ist natürlich Tatfrage.

Dagegen halte man diesen 1924 geschriebenen Ausführungen entgegen, was Balfour 1906 sagt: »But it has never been alien to our judicial system to appoint gentlemen of notoriously strong political opinions to the highest judicial office. That being our practice, we cannot suppose thatt hese Gentlemen divest themselves in their private capacity of the convictions which they always held and through which, it may be, they have risen to the judicial Bench. It has often been that distinguished capacity, shown perhaps in our Party conflicts in this House more than in the Courts of Laws, has raised them to their high position.« Und weiter vorher: »But most of our Judges, from the Lord Chancellor downwards, have at one time of their lives been Member of this House . . .«

[1]) Vgl. meine Ausführungen Gerland S. 819.

[2]) Vgl. hierzu namentlich die Ausführungen von Macneill 4 H. D. vol. 160 p. 370. Ferner die Ausführungen des Attorney General l. c. s. 391: »The charge . . . is the charge of partiality. He says that the learned Judge was so influenced by his anxiety to serve one of the political parties that he intentionally disregarded the plain dictates of justice in order to accomplish that end. If my learned friend proved that case the House would, without the smallest hesitation, extend its support to the Motion.« Hier wird mithin bewußte Parteilichkeit, also doch eigentlich Rechtsbeugung verlangt, was wiederum der restriktiven Praxis des House of Parliaments entspricht.

[3]) Vgl. z. B. Yearly County Court Practice 1928 vol. I p. 11, wo im Fall der Konkurseröffnung über das Vermögen eines Richters misbehaviour angenommen wird. Vgl. auch Re Leonard, Law Report Queens Bench 1896 vol. I p. 473.

[4]) Hier wäre der Fall des Judge Grantham zu nennen, der bei einer Bankettrede politische Äußerungen gemacht hatte. 4 H. D. vol. 160 s. 397 et seq. Vgl. namentlich die Ausführungen des Prime Minister Campbell-Bannerman: »When a Judge whose proper function is to try a case steps down into the lower sphere, and assumes the right to use the position which he occupies and the advantage he possesses of not being answered on the spot to make little partisan speeches . . . he is as open to our criticism as any man in the street. If we think any Judge by such conduct is lowering the dignity of the Bench and is introducing other evils also, it is our duty to express our reprobation of such conduct. Therefore

Die Frage, wer die Entlassung eines Richters zu verfügen hat, kann für die einzelnen Richterkategorien nicht einheitlich beantwortet werden. Hohe Richter und Recorders werden durch die Krone selbst entlassen [1]), Grafschaftsrichter durch den Lord Chancellor [2]).

Wichtiger als diese Frage ist indessen die weitere Frage, in welchem Verfahren und unter welchen Rechtsgarantien die Entlassung eines Richters erfolgt. Hier existieren mancherlei Unklarheiten. Es muß aber unterschieden werden zwischen den hohen Richtern und den übrigen Richtern:

Die hohen Richter können entlassen werden auf den in die Form einer Adresse an den König gekleideten übereinstimmenden Antrag beider Häuser. Dieser schon in dem Act of Settlement festgelegte Satz, der in späteren Statuten wiederholt ist [3]), hat bei seiner Auslegung Schwierigkeiten in doppelter Richtung hervorgerufen. Fraglich geworden ist nämlich einmal, ob die Amtsenthebung eines hohen Richters nur auf Antrag beider Häuser erfolgen darf, die Initiative zur Amtsenthebung nur vom Parlament ausgehen, die Amtshebung selbst mithin nur mit seiner Zustimmung erfolgen darf. Strittig ist ferner, ob das Parlament eine Amtsenthebung ebenfalls nur wegen misbehaviour oder weitergehend auch aus anderen Gründen herbeiführen kann.

Beginnen wir mit der praktisch bedeutsamsten zweiten Frage, so scheint es mir nicht einen Augenblick zweifelhaft, daß auch das Parlament nur bei misbehaviour zur Amtsentsetzung schreiten darf. Der Wortlaut des Gesetzes ist schon im Act of Settlement ganz klar, und der Wortlaut eines Gesetzes ist, wie wir gesehen haben, für seine Auslegung entscheidend. Außerdem würde man sicher nicht die verwaltungsmäßige Unabsetzbarkeit der Richter im Act of Settlement als Staatsgrundsatz feierlich eingeführt haben, wenn man gleichzeitig die freie Absetzbarkeit durch das Parlament hätte nicht etwa beibehalten, sondern neu einführen wollen. Die Auffassung, daß die hohen Richter ihr Amt im Verhältnis zum Parlament nur »during the pleasure of Parliament« innehätten [4]), ist mithin nicht zu halten. Nicht zu halten ist aber auch die andere Auffassung, daß zwar auch das Parlament eine Adresse nur bei misbehaviour beschließen dürfe, aber bei Auslegung

---

this Motion is not only in order in a Parliamentary sense, but is perfectly justified and perfectly natural in the circumstances.«

[1]) 51 and 52 Vict. c. 43 s. 15.

[2]) z. B. 15 and 16 Geo. V c. 49 s. 12 (1).

[3]) 12 and 13 Will. III c. 2 s. 3; 15 and 16 Geo. V c. 49 s. 12 (1); 39 and 40 Vict. c. 59 s. 6.

[4]) Anson, Law and Custom, 2nd Ed. vol. II p. 213 et seq.: ». . . Such officers hold, as regards the Crown, during good behaviour, as regards Parliament, at pleasure.«

des Begriffes misbehaviour nicht an die engen Schranken gebunden sei, die der Verwaltungsbehörde gesetzt sind [1]). Tatsächlich ist das Parlament an die allgemein festgelegten Voraussetzungen von misbehaviour gebunden, und kann eine Adresse nur bei Vorliegen des weiter oben entwickelten Tatbestandes beschließen [2]).

Was nun die zweite Frage anbelangt, ob die Amtsentsetzung eines hohen Richters nur auf Antrag beider Häuser des Parlaments erfolgen darf, oder ob die Krone auch ihrerseits das Recht hat, einzugreifen, falls sie die Voraussetzungen der Amtsenthebung für vorliegend erachtet, so stehen sich zwei Ansichten gegenüber. Die einen sehen in dem Recht des Parlaments nur eine dem Parlament verliehene besondere Möglichkeit, von sich aus die Initiative zu ergreifen, um die Absetzung des Richters herbeizuführen, lassen daneben und unabhängig davon aber eine Absetzung auch durch die Krone zu, ohne daß das Parlament eingegriffen hat [3]). Die anderen lassen dagegen die Ab-

---

[1]) Anson hat in späteren Auflagen seine in der vorstehenden Anmerkung wiedergegebene Auffassung geändert. Er vertritt in der 3. Auflage vol. II, 1 p. 223 folgende Ansicht, die ich indessen, wie der Text ergibt, gleichfalls ablehne: »Such officers hold, as regards the Crown, during good behaviour; as regards Parliament also during good behaviour though the two Houses may extend the term so as to cover any form of misconduct which would destroy public confidence in the holder of the office.« Wenn man sich an die weiter oben geschilderte Praxis des Parlaments erinnert — vgl. S. 40 Anm. 3 —, so wird man zugeben müssen, daß mit ihr auch diese Auffassung Anson's nicht übereinstimmt; sie ist daher abzulehnen. Die gegenteilige Auffassung wird allerdings auch von Todd vol. II p. 860 vertreten, der sich über die Befugnisse des Parlamentes, wie folgt, äußert: »This power is not, in a strict sense, judicial; it may be invoked upon occasions when the misbehaviour complained of would not constitute a legal breach of the conditions on which the office is held. The liability to this kind of removal is, in fact, a qualification of, or exception from, the words creating a tenure during good behaviour, and not an incident or legal consequence thereof.« Aber dann würden eben tatsächlich die Richter ihr Amt nicht mehr »during good behaviour« im englischen Sinne besitzen, und das würde dem ganzen Sinn des Act of Settlement widersprechen, der sicher nicht die Richter von der Krone unabhängig machen wollte, um sie einer mehr oder weniger großen Willkür des Parlaments auszuliefern. Gegen letzteres auch mit Recht Mirror of Parliament 1834 vol. I p. 304.

[2]) Vgl. weiter oben S. 40 ff.

[3]) Anson vol. II, 1 p. 222; Todd vol. II p. 285. Derselben Ansicht ist die Verteidigung im Fall des Richters Sir Jonal Barrington, vgl. seine Verteidigungsschrift Journal of the Lords vol. 62 p. 599, insbesondere p. 602. Hier werden vier Möglichkeiten der Entfernung aus dem Amt als möglich hingestellt: Writ of Scire facias, der das Ernennungsdekret aufhebt, Anklage durch Information, Anklage durch Impeachment, endlich Entfernung auf Grund parlamentarischer Adresse. Ebenso offenbar in einfacher Anlehnung an diese Ausführungen de Franqueville, Système Judiciaive de la Grande Bretagne vol. I p. 389, 390.

setzung nur auf Antrag beider Häuser zu, begründen mithin ein Anklagemonopol des Parlaments in disziplinarischer Richtung [1]). Für die zweite Ansicht spricht m. E. entscheidend Wortlaut und Entstehung des Gesetzes. Denn wenn das Statut sagt [2]), daß die hohen Richter »hold their offices during good behaviour subject to a removal by His Majesty on address presented to His Majesty by both Houses of Parliament«, so ist doch hier, ganz gleichgültig welche Bedeutung der Begriff good behaviour hat, welche Wirkung mithin einer Anstellung during good behaviour zukommt, das Eingreifen der Krone von der Adresse abhängig gemacht, die Initiative der Krone mithin beschränkt. Eine derartige Beschränkung begreift sich aber auch geschichtlich. Man wollte beim Erlaß des Act of Settlement aus naheliegenden Gründen [3]) den Richter vor der Krone schützen, seine Unabhängigkeit dieser gegenüber sicherstellen. Da man nun selbstverständlich auf eine Disziplinarmöglichkeit nicht ganz verzichten konnte, garantierte man den Richtern die legale Durchführung des Disziplinarrechtes dadurch, daß man das Parlament zum Garanten der Krone gegenüber machte und ihm die Initiative ausschließlich übertrug.

Ist nun so die Auffassung, die der Krone kein Initiativrecht zum Einschreiten zubilligt, rechtlich die zutreffende, so ist sie auch die in der parlamentarischen Praxis unbedingt herrschende. Das Parlament nimmt für sich das ausschließliche Recht der Initiative in Anspruch [4]). Damit verliert dann aber auch die ganze Frage ihre praktische Tragweite. Denn wie man auch das Kabinett juristisch auffassen will, ob als einen Ausschuß des House of Commons oder des Privy Council [5]), das eine steht fest, daß es, unter der Herrschaft des Par-

---

[1]) Halsbury vol. IX p. 62, 64. Vgl. z. B. p. 62: »Every judge of the High Court ..... is only removable on an address to the Crown by both Houses of Parliament.« Brown, Constitutional Law, 2nd Ed. p. 792; Dicey p. 405: »The judges are not in strictness irremovable; they can be removed from office on an address of the two Houses; they have been made by Parliament independent of every power in the State except the House of Parliament«. Emden, Principles of British Constitutional Law p. 126, 127.; Marriot, English Political Institutions 3d Ed. p. 291.

[2]) 15 and 16. Geo. V. c. 49 s. 12 (1).

[3]) Man denke an die Sternkammer und die Übergriffe der Verwaltung in das Gebiet der Rechtsprechung unter den Stuarts.

[4]) Commons Papers 1875 vol. 30 p. 659.

[5]) Ich verweise hier auf Ausführungen von Disraeli und Gladstone. Disraeli sagt (3 H. D. vol. 223 p. 463) 8. 4. 1875): »The Hon. Gentleman has made an appeal to me whether it is my intention to introduce any measures which shall have for their object the control of Judges in reference to conduct similar to that which he has detailed. I do not know why the appeal is made to me. It is not the business, happily, for the Minister of the Crown to exercise juris-

laments stehend, sich niemals einer bestehenden parlamentarischen Praxis entziehen kann und entziehen wird. Kein Kabinett wird daher die Verantwortung der Entlassung eines hohen Richters auf sich allein nehmen, wenn es die Verantwortung dem Parlament zuschieben kann [1]). Und wenn das Kabinett die Absetzung eines Richters herbeiführen will, so ist es ihm ein leichtes, den Antrag auf Absetzung zu veranlassen, bei dessen Behandlung es dann seinen Standpunkt in aller Öffentlichkeit dartun kann [2]). So darf als heute geltendes Recht der Satz aufgestellt werden, daß hohe Richter nur auf Grund eines Antrages des Parlaments abgesetzt werden können.. Wie sich aber das Verfahren im einzelnen gestaltet, soll nicht hier, sondern in anderem Zusammenhang zur Darstellung gebracht werden.

Alle übrigen Richter, die während good behaviour angestellt werden, unterstehen der Disziplinarstrafgewalt des Lord Chancellor, der sie durch Verfügung entlassen kann [3]). Gegen die Entlassung steht dem Richter allgemein die Möglichkeit zu, die Sache zur gerichtlichen Entscheidung zu bringen. Er kann zunächst die Rechtsbeständigkeit der Anstellungsurkunde des an seiner Stelle ernannten Richters mit einem Antrag auf Erlaß eines Writ of Quo Warranto vor der King's Bench Division des High Court anfechten. Allein von diesem Satz existiert eine weitgehende Ausnahme: War die Entlassung vom Lord Chancellor auf Grund eines förmlichen Untersuchungsverfahrens, das eine Verteidigung ermöglichte, verfügt, so läßt das Gericht ein Quo Warrantoverfahren nicht zu [4]). Ferner ist die Möglichkeit gegeben, den

---

diction over the judges. If a Judge does anything to lose the confidence of the public, it is the privilege of the Parliament to address the Crown to remove him from the Bench«. Gladstones Ausführungen lassen deutlich erkennen, daß zwar das Ministerium einen Adreßantrag vorbereiten kann, nicht aber ohne einen solchen eingreift (3 H. D. vol. 209 p. 757): »Once in my life . . . it has so happened to me as a member of the Executive Government to be called upon to consider the conduct of a Judge . . . . We came to the conclusion that, as the act was not an act with respect to which it would be right to ask Parliament to address the Crown for his removal, it was not an act to which hostile notice should to be taken at all«. Vgl. ferner 3 H. D. vol. 140 p. 1558.

[1]) Vgl. Ilbert bei Redlich, Procedure of the House of Commons vol. I p. XIII et seq.

[1]) Man beachte die Möglichkeit der Diskussion im House of Lords, in dem die Regierung keineswegs die Majorität zu besitzen braucht, und ihre Wirkung auf die öffentliche Meinung.

[2]) Vgl. auch die Zitate S. 24 Anm. 7.

[3]) Daß unter Umständen der Chancellor of the duchy of Lancaster zuständig ist, kann hier außer acht gelassen werden. 51 and 52 Vict. c. 43 s. 15.

[4]) Yearly County Court Practice 1928 vol. I p. 11. Maßgebend sind die Entscheidungen R. v. Owen, Law Reports Queen's Bench Division 1850 vol. 15

Gehalt mit einer gegen die Treasury gerichteten Petition of Right einzuklagen [1]).

Es entsteht nun die Frage, ob das Parlament auch den hier in Betracht kommenden Richtern gegenüber die Möglichkeit hat, ihre Absetzung durch eine gemeinsame Adresse beider Häuser an die Krone herbeizuführen. Die Frage ist zu bejahen, nicht sowohl, weil der Act of Settlement schlechthin von »any judge« redet [2]), sondern weil die Zuständigkeit des Parlaments die gesamte Rechtspflege ergreift, und weil alle zur Zuständigkeit des Parlaments gehörigen Angelegenheiten zum Gegenstand einer gemeinsamen Adresse an die Krone gemacht werden können. Die Praxis des Parlaments hat sich denn auch auf diesen Standpunkt gestellt [3]).

Von den allgemeinen Regeln, die wir für die hohen Richter aufgestellt haben, besteht indessen für Grafschaftsrichter eine wichtige Ausnahme. Für sie besteht eine Altersgrenze, und zwar mit dem vollendeten 72. Lebensjahr, eine Bestimmung, von der indessen der Lord Chancellor im öffentlichen Interesse Ausnahmen zubilligen kann [4]).

β) Wenden wir uns nunmehr denjenigen Richtern zu, die during the pleasure of the Crown angestellt sind, so gilt der Satz, daß sie jederzeit frei absetzbar sind, daß mithin im Prinzip eine formelle Garantie ihrer materiellen Unabhängigkeit in bezug auf die Amtsstellung nicht existiert. In Betracht kommen die Justices of the Peace [5]) und die Stipendiary Magistrates [6]), d. h. die sogenannten Polizeirichter, gleichgültig, ob sie in London oder in der Provinz tätig sind.

Diese unbeschränkte Absetzungsmöglichkeit existiert jedoch nur in der Idee. Sie wird paralysiert durch die parlamentarische Kontrolle, die eine willkürliche Absetzung dieser Richter nicht dulden würde [7]). So kann man sagen, daß ein Friedensrichter aus seinem Amt nur entfernt wird, wenn ein schwerer Amtsmißbrauch oder ein sonstiger wichtiger Grund vorliegt, und dasselbe gilt von den Polizeirichtern.

---

p. 476; Ex parte Ranshay eodem loco 1852 vol. 18 p. 173. Vgl. auch Halsbury vol. VIII p. 415. Unzutreffend Gerland S. 820.

1) Anson vol. II, 1 p. 223.

2) So Todd vol. II p. 875 et seq.

3) 3 H. D. vol. 150 p. 1588 et seq.; Lords Journal vol. 90 p. 221, 237. Vgl. auch Law Times vol. 124 p. 409.

4) 9 and 10 Geo. V c. 70. Die Ausführungen Gerland S. 819 sind teilweise veraltet.

5) Halsbury vol. XIX p. 549. Vgl. auch 6 Edw. VII c. 16 s. 4.

6) 26 and 27 Vict. c. 97 s. 3; 45 and 46 Vict. c. 50 s. 161 (2); 10 Geo. IV c. 44 s. 1.

7) Vgl. Gerland S. 818.

Die Entfernung erfolgt durch die maßgebende Stelle, also bei den Friedensrichtern durch den Lord Chancellor [1]), bei den Polizeirichtern durch den Home Secretary [2]). Parlamentarische Adresse ist auch möglich [3]). Häufiger als letztere sind aber einfache Beschwerden, die im House of Commons erhoben werden, und die dann von der zuständigen Stelle weiter verfolgt werden [4]). Daß der Amtsentsetzung ein mehr oder weniger förmliches Untersuchungsverfahren vorausgehen kann, ist selbstverständlich [5]) [6]).

2. Die Garantien, die dem Parlament gegenüber gegeben sind, sind doppelter Natur, wobei allerdings die Tendenz bei beiden dieselbe ist, den Richter vor zu weitgehender Kritik durch das Parlament zu schützen, einer Kritik, die zwar den Richter, niemals aber das Ansehen der Gerichte treffen darf. Daß diese Bestimmungen im wesentlichen nur für beamtete Richter von Bedeutung sind, mag ausdrücklich hervorgehoben werden. In dieser Beziehung gelten nun folgende zwei Sätze:

a) Die Gehälter der beamteten Richter werden, soweit sie Staatsbeamte sind, aus dem Consolidated Fund [7]) bezahlt; sie sind ein- für allemal in ihrer Höhe gesetzlich festgelegt [8]). Das will besagen: es

---

[1]) Halsbury vol. XIX p. 549: »A justice who has been assigned to the commission of the peace either for a county or borough, and who has taken the oaths, enters upon office and, except in the event of removal for misconduct, retains office for life or until the commission to which he is assigned is superseded«. Ich gebe hier nur einige Beispiele, die sich zum Teil auf Irland beziehen, für das vor seiner Emanzipation dieselben materiellen Rechtssätze wie für England galten. 4 H. D. vol. 176 p. 122, 341; vol. 179 p. 966; vol. 180 p. 339; 5 H. D. vol. 175 p. 937, 951 vol. 177 p. 443.

[2]) Halsbury vol. XIX p. 546, 548.

[3]) Todd vol. II p. 875.

[4]) Vgl. weiter oben die Belege in Anm. 1. Beachtenswert hinsichtlich der weitgehenden Befugnisse, die der Clerk of the Peace auszuüben berufen ist, und die ihm eine Art richterliche Stelle gegeben haben, ist, daß das House of Lords entschieden hat, daß auch ein Clerk of the Peace nur wegen misconduct abgesetzt werden kann, so daß auch er tatsächlich auf Lebenszeit angestellt ist. Vgl. Robson, Justice and Administrative Law p. 45 et seq.

[5]) Vgl. hierzu auch z. B. die dem House of Commons in solchen Fällen vorgelegten Akten: Commons Papers 1862 vol. 44 p. 347, 1884 vol. 62 p. 547.

[6]) Daß bei Polizeirichtern Altersbestimmungen nicht existieren, begreift sich aus ihrer freien Absetzbarkeit.

[7]) Vgl. Dibelius, England Bd. I S. 252: »Ein erheblicher Teil der Staatsausgaben ist auf einen Consolidated Fund gelegt, der als ein- für allemal bewilligt gilt, historisch betrachtet zu den Ausgaben gehört, die dem König für Lebenszeit bewilligt sind, wie Zivilliste, Zinsen für Staatsschulden, Richtergehälter«.

[8]) 15 and 16 Geo. V c. 49 s. 15; 51 and 52 Vict. c. 43 s. 23; 38 and 39 Vict. c. 5 s. 1. Vgl. auch Halsbury vol. XIX p. 548 p. (p).

sollen die Gehälter der Richter nicht in den jährlichen Etats der einzelnen Ressorts erscheinen, um auf diese Weise die Richter der parlamentarischen Kritik bei den Etatsberatungen zu entziehen [1]).

b) Bedeutungsvoller ist indessen der für das parlamentarische Leben Englands so überaus charakteristische Satz, daß das Verhalten, damit dann natürlich auch der Charakter eines Richters weder durch Anfrage [2]) noch sonst zum Gegenstand der Debatte gemacht werden darf, es sei denn, daß ein Antrag zur Sache, eine sogenannte substantive motion [3]) gestellt werde [4]). Dieser Satz, an dem die parlamentarische Praxis unbedingt festhält [5]), stellt den Richter, außer in den schwersten Fällen, außerhalb der parlamentarischen Kritik [6]). Denn die substantive motion, die in der Regel gestellt werden muß, ist der Antrag, auf Adresse beider Häuser to remove the judge, [6]), oder doch wenigstens der Antrag, eine Untersuchung gegen den Richter zu eröffnen [1]).

---

[1]) Robson, Justice and Administrative Law p. 44: »His« (i. e. the judge's) »salary is fixed and paid out of the Consolidated Fund in order that it may not be subjected to that cunning fire of criticism in Parliament to which all the ordinary items of budgetary expenditure are liable«. Vgl. ferner Dawson, Principle of Official Independence p. 47. Die Praxis läßt übrigens Kritik an Gerichtsbeamten und Gerichtstätigkeit zu, soweit nicht der Richter persönlich angegriffen wird. Vgl. die in dieser Richtung sehr instruktiven Verhandlungen 3 H. D. vol. 312 p. 1110—1113. Vgl. auch eodem loco p. 1023 et seq.

[2]) Manual of the House of Commons p. 61.

[3]) Vgl. hierzu Redlich S. 484. Er bezeichnet die substantive motion als gegenständliche Anträge, die er definiert als Anträge, »die ihrem Inhalt und ihrem Zwecke nach nicht dem Verfahren im Hause dienstbar sind, sondern vielmehr das Material für dieses Verfahren, die Substanz der parlamentarischen Tätigkeit vorbringen«.

[4]) E. May p. 271 und 246.

[5]) Vgl. 3 H. D. vol. 185 p. 778; vol. 302 p. 1110; vol. 312 p. 736, 1110; vol. 320 p. 1023. 4 H. D. vol. 14 p. 1010; vol. 179 p. 442; vol. 184 p. 831; 5 H. D. vol. 163 p. 1646; vol. 175 p. 940.

[6]) Robson, Justice and Administrative Law p. 54.

[7]) Als charakteristisches Beispiel führe ich den Antrag 4 H. D. vol. 160 p. 369 an: »that this House do resolve itself into a Committee of the Whole House to consider the Report of the procedure on the trial of the Election Petition for Yarmouth, and the complaints that have been made of the partisan and political character of the conduct during the trial of that petition of Mr. Justice Grantham«. Auf die Möglichkeit, Adreßantrag zu stellen, weist übrigens die Regierung in den einschlägigen Fällen oft selbst ausdrücklich hin. Vgl. z. B. 3 H. D. vol. 183 p. 778 et seq.; vol. 226 p. 561 et seq. Es ist aber zu beachten, daß auch Anträge mit anderem Inhalt den Antragsteller berechtigen, die Person des Richters in die Debatte zu ziehen. So wird z. B. hinsichtlich einer Bestrafung wegen Contempt of Court ein Antrag auf gesetzliche Regelung der Contemptmaterie gestellt. Bei der Begründung greift der Antragsteller den Lord Chief Justice scharf an. Trotz Einspruches aus dem Haus läßt der Speaker diese Angriffe zu. Vgl. 3 H. D. vol. 224 p. 1742, 1747.

Allerdings gilt der Satz nur für die hohen Richter, ferner für diejenigen Richter, die wie diese die Stellung eines judge einnehmen [1]). Hierher gehören die Grafschaftsrichter, die Recorders [2]), nicht dagegen die Polizeirichter und namentlich nicht die Friedensrichter, denen gegenüber die Kritik in bedeutend weiterem Umfang zugelassen ist und ausgeübt wird [3]). Aber nichts ist charakteristischer für den praktischen Staatssinn der Engländer als die Einschränkung einer Kritik [4]), die schrankenlos durchgeführt das zerstören muß, was sie zu erhalten vorgibt, die Autorität und das Ansehen der Gerichte. Die Bedeutung des englischen Parlaments, seine Fähigkeit, dem Staatszweck unter Aufrechterhaltung der eigenen prädominierenden Stellung gerecht zu werden, beruht nicht zuletzt auf der Tatsache, daß es sich im richtigen Moment zu bescheiden weiß, und daß es im Ausbau seiner Möglichkeiten nicht individualistisch von den Rechten seiner Mitglieder, sondern von der Erfüllung seiner staatspolitischen Pflichten ausgeht. Und es mag ausdrücklich hervorgehoben werden, daß nicht nur die Einzelkritik, persönlich gerichtet gegen einen Richter, sondern auch Kollektivangriffe gegen den Richterstand als solchen ausgeschlossen sind [5]) [6]).

---

[1]) Es ist stets zu beachten, daß die Polizeirichter nach englischer Auffassung keine »judges«, sondern vielmehr »magistrates« sind.

[2]) Vgl. E. May p. 271. Merkwürdigerweise wird einmal hinsichtlich eines Grafschaftsrichters eine nicht mit substantive motion eingebrachte Anfrage abgewiesen, weil kein verantwortlicher Minister vorhanden sei (die Grafschaftsrichter unterstehen der Justizaufsicht des Lord Chancellor, der als solcher das House of Commons niemals betreten darf und in diesem durch den Attorney General vertreten wird), eine Ansicht, die in der Öffentlichkeit sofort scharf zurückgewiesen ist. Vgl. 4 H. D. vol. 184 p. 831. Dagegen Law Times vol. 124 p. 409.

[3]) Beispiele hierfür finden sich in jedem Band der parlamentarischen Verhandlungen. Vgl. nur z. B. 3 H. D. vol. 165 p. 134; vol. 172 p. 871; vol. 216 p. 1497.

[4]) Sehr treffend charakterisiert findet sich der Grund des Verbotes in den Ausführungen des Attorney General 4 H. D. vol. 160 p. 392: ». . . but there are the very strongest reasons against asking to inflict any minor penalty. They are the strongest arguments against censuring a Judge and yet let him occupy his position«.

[5]) 4 H. D. vol. 14 p. 1090: »Mr. Speaker remarked that criticism, either collectively or individually could not be made as to the conduct of Judges«.

[6]) Um die unendliche Verschiedenheit der englischen und deutschen parlamentarischen Gebräuche zu illustrieren, seien zwei Beispiele gegeben, die beide zum Eingreifen des Speaker geführt haben. Daß sich die Angriffe auch gegen irische Richter richten, ist ohne Bedeutung. 4 H. D. vol. 14 p. 1090: »He should like the House to remember that no man could be a Judge in Ireland unless he was a political hack and partisan«. Derselbe Redner wird zum zweitenmal zur Ordnung gerufen, weil er von den Richtern sagt, sie seien zu-

3. Wenden wir uns endlich denjenigen Bestimmungen zu, die den Richter der Öffentlichkeit, dem Publikum gegenüber sicherstellen sollen, so ist auch in dieser Beziehung ein doppeltes zu unterscheiden:

a) Der Richter als solcher ist zivilrechtlich nicht haftbar für seine richterlichen Handlungen [1] [2]; dieser Satz gilt unumschränkt für die hohen und Grafschaftsrichter, sofern sie innerhalb ihrer Zuständigkeit gehandelt haben; bei Überschreitung ihrer Zuständigkeit haften sie dagegen wie jeder andere nach den allgemeinen Vorschriften [3] [4] [5] [6] [7]. Der Satz gilt nur beschränkt für Friedensrichter.

---

meist »Conservatives and landlords«. 5 H. D. vol. 179 p. 442: »These two Judges will, I hope, make it unnecessary for Judges who have retired after a long meritorious service to have to come back to the Bench, I am sorry to say, not with altogether admirable success«. Dem gegenüber gebe ich Beispiele aus dem deutschen Reichstag, die mit Leichtigkeit aus allen deutschen Parlamenten gegeben werden können, und zwar verweise ich auf die Verhandlungen vom 29. 8. 1924: Hier sagt der Abgeordnete Katz, ohne dafür zur Ordnung gerufen zu sein (der Vizepräsident moniert in sanfter Weise): »Wer da noch davon reden kann, daß wir bei deutschen Richtern ein Rechtsbewußtsein haben, daß wir in Deutschland so etwas wie Gerechtigkeit haben, der gehört ins Narrenhaus. Wir haben in Deutschland eine ganz ausgesprochen bewußte Klassenjustiz, wir haben in Deutschland eine bewußte, von Richtern Ihrer Art ausgeübte Rechtsbeugung«. »Wir haben in Deutschland ganz allgemein einen Richterstand, der vielleicht nicht in jedem Falle bewußt, aber nach seiner ganzen Klassenlage, seiner Abstammung aus den besitzenden Kreisen — Arbeiterkinder werden nie Richter — gar nicht anders kann, als die Arbeiterklasse nicht zu verstehen, ja, zu verachten, zu hassen, und alles, was wir von den Herren hier im Hause erleben, die dem Richterstande angehören, ist doch das deutlichste Zeichen dafür, daß die deutschen Richter keinen Schimmer einer Ahnung von dem haben, was in Arbeiterherzen vorgeht.« Der Abgeordnete Rosenfeld erklärt: »Ich stehe auch gar nicht an, zu erklären, daß es viele Urteile der letzten Zeit gibt, die nicht damit zu erklären sind, daß der einzelne Richter kein Verständnis für die Klasse hatte, deren Angehörige ihm gegenüber auf der Anklagebank standen, sondern daß es Richter in Deutschland gibt, die eine Rechtsbeugung vornehmen.« Auf diese Ausführungen griff der Präsident mit keinem Wort ein! Vgl. Verhandlungen des Reichstages Bd. 381 S. 1106 ff., insbesondere S. 1110, 1115.

[1]) Vgl. namentlich Gerland S. 824 ff.

[2]) Historisches bei Holdsworth, Journal of the Society of Publish Teachers of Law 1924 p. 17—21.

[3]) Meine Ausführungen Gerland S. 824, daß es ohne Bedeutung ist, ob die Richter innerhalb oder außerhalb ihrer Zuständigkeit gehandelt haben, kann ich nicht aufrecht halten, trotz der Einschränkung, die ich gemacht hatte. Tatsächlich stellt die englische Judikatur den Satz auf: »If protection is claimed by a member of court, it comonly be obtained if the court was acting, within its jurisdiction«. Vgl. Halsbury p. 327 und p. 328 n. (h) mit zahlreichen Judikaten. Und auch in der Entscheidung Ferguson v. The Earl of Rinnoul heißt es ausdrücklich von den superiour courts, daß sie »are not answerable . . . for

Selbstverständlich muß die in Frage stehende Handlung des Richters stets eine Amtshandlung gewesen sein; für Nichtberufshandlungen haftet er wie jede andere Privatperson [1]). Des weiteren muß es sich aber um eine richterliche Amtshandlung gehandelt haben. Wenn ein und dieselbe Person, wie namentlich z. B. der Friedensrichter [2]), sowohl richterliche als auch administrative Aufgaben zu erfüllen hat, so ist er haftungsfrei nur, solange er als Richter, nicht aber, wenn er als Verwaltungsorgan tätig geworden ist [3]). Dabei geht die richterliche Immunität so weit, daß es nicht darauf ankommt, ob der Richter mala oder bona fide gehandelt hat. Selbst für böswillige Handlungen ist jede zivilrechtliche Haftbarkeit ausgeschlossen [4]). Auch hier kommen aber Einschränkungen von dem Prinzip bei den niederen Richtern vor [5]) [6]).

---

acts done within the limits of their jurisdiction«. Vgl. Broom, Constitutionnal Law 2nd Ed. p. 766. Nicht ganz zutreffend infolgedessen auch Hatschek Bd. II S. 598. Die Frage ist, was die Mitglieder des Supreme Court anbelangt, indessen ohne Bedeutung, da die Zuständigkeit dieses Gerichtes räumlich wie sachlich eine allumfassende ist; sie ist aber von größter Bedeutung bei den Grafschaftsrichtern.

4) Zwischen den hohen und niederen Richtern muß unterschieden werden. Bei ersteren wird die Zuständigkeit vermutet, bei letzteren muß sie nachgewiesen werden. Die Grafschaftsrichter haben ebenfalls die Vermutung für sich. Halsbury vol. XXIII p. 327, 328.

5) Vgl. auch Halsbury vol. VIII p. 414, 415. Hat ein Grafschaftsrichter auf Grund falschen Parteivorbringens sich für zuständig gehalten, so greift die Immunität ein.

6) Vgl. 11 and 12 Vict. c. 44; 56 and 57 Vict. c. 61; Halsbury vol. XIX p. 556, 557; vol. XXIII p. 332.

7) Vgl. auch Archbold, Quarter Sessions 8th Ed. p. 142.

1) Broom, Constitutional Law 2nd Ed. p. 795.

2) Vgl. über ihre Zuständigkeit namentlich Gerland S. 26—28.

3) Halsbury vol. XXIII p. 325, 326.

4) Halsbury vol. XXIII p. 326: »Where ever protection of the exercise of judicial powers applies, it is so absolute that no allegation that the acts or words complained of were done or spoken mala fide, maliciously, corruptly, or without reasonable or probable cause suffices to found an action«. Vgl. ebendort Anm. (p) zahlreiche Judikate.

5) Vgl. S. 51.

6) Eine strafrechtliche Exemption scheint nicht zu existieren; meine Ausführungen Gerland S. 825 sind zwar in der Sache zutreffend, wohl aber nicht in der Form. Vgl. Broom, Constitutional Law 2nd Ed. p. 792: »Though our judges are now appointed quam diu se bene gesserint . . . . . and are only removable by the Crown on the address of both Houses of Parliament; and though, further to insure their independence, they are not allowed to be harassed improperly by actions, they cannot misconduct themselves with impunity«. Vgl. das dort angeführte Urteil Garnett v. Ferrand, wo es heißt: »Corruption is quite another matter; so, also, are neglect of duty and misconduct in it. For these, I trust,

Das Motiv für diese weitgehende Immunität der Richter, dem wir etwas Ähnliches im deutschen Recht nicht entgegenzusetzen vermögen [1]), ist darin zu erblicken, daß man dem Richter die innere Unabhängigkeit geben will; er soll nicht ewig zu befürchten haben, für seine richterlichen Handlungen in Anspruch genommen werden zu können [2]). Und es wird mithin, damit der Richter ohne Furcht und damit denn doch erst eigentlich innerlich unabhängig handeln kann, die Rücksicht auf den Einzelnen, den Privatbeteiligten völlig in den Hintergrund gedrängt zugunsten der Rücksicht auf das Staatsganze. Denn — man beachte das sehr wohl! — die Bestimmungen über die richterliche Immunität bezwecken mit nichten einen Schutz des Einzelrichters; sie wollen die richtige, innerlich freie Judikatur der Gerichte ermöglichen und erscheinen so, indem sie die persönliche Unabhängigkeit des Einzelrichters sicherstellen, als Schutzbestimmungen für die Gerichte und die Träger der Gerichtsbarkeit als solche in Hinblick eben auf die Ausübung der Gerichtsbarkeit [3]) [4]). Als Garan-

there is and always will be some due curse of punishment by public prosecution«. Selbstverständlich kann ein Richter wegen eines Haftbefehles nicht wegen Freiheitsberaubung, wohl aber wegen Rechtsbeugung, auf Grund derer es zum Haftbefehl gekommen ist, bestraft werden. Einschränkungen kommen übrigens vor, und zwar hinsichtlich der Zeit, innerhalb welcher die Strafverfolgung eingeleitet werden muß. Vgl. 56 and 57 Vict. c. 61. Vgl. ferner Halsbury vol. XIX p. 176 et seq.; vol. VIII p. 415; Archbold, Quarter Sessions 8th Ed. p. 142. Siehe allerdings auch Robson, Justice and Administrative Law p. 51 und Dawson, Principle of Official Independence p. 45.

[1]) Bei uns kommen zivilrechtlich § 839, namentlich Abs. 2 BGB., strafrechtlich § 193 StGB. zur Anwendung. Unzutreffend die Ausführungen Hatscheks Bd. I S. 598.

[2]) Man vergleiche die klassisch gewordenen Ausführungen des Urteils Scott v. Stanfield, Law Reports, Law Journal vol. 37 p. 155: »It is essential in all courts that the judges who are appointed to administer the law should be permitted to administer it under the protection of the law indepently and freely, without favour and without fear. This provision of the law is not for the protection or benefit of a malicious or corrupt judge, but for the benefit of the public, whose interest is that the judges should be at liberty to exercise their functions with independence and without fear of consequences. How could a judge so exercise his office if he were in daily and hourly fear of an action being brought against him and of having the question submitted to a jury whether a matter on which he had commented judicially was or was not relevant to the case before him?«. Sehr drastisch weist in dem Urteil Miller v. Hope Lord Gifford auf die »fear of the consequences« hin, wenn er sagt, daß, falls eine Immunität gegeben sei, »no man but a beggar or a fool would be a judge«.

[3]) Vgl. die bei Broom Constitutional Law 2nd Ed. p. 766 zitierten Äußerungen von Serjeant Hawkins; »The authority of a Government cannot be maintained, unless the greatest credit be given to those who are so highly entrusted with the administration of justice; and it would be impossible for them to keep up in the people that veneration of their persons, and submission

tie gegen Mißbrauch der Immunität wirken andererseits die disziplinaren Möglichkeiten, so die parlamentarische Adreßmöglichkeit, die selbstverständlich auch dann gegeben ist, wenn das Recht eine zivilrechtliche Regreßpflicht vereint [1]).

b) Der weitere Schutz, der den Gerichten zur Sicherung ihrer Unabhängigkeit der Öffentlichkeit gegenüber eingeräumt ist, ist in Hinblick auf Beleidigungen gegeben, die gegen die Richter oder die Gerichte als solche begangen sind. Es sollen Einschüchterungen der Richter verhindert werden, ferner soll verhindert werden, daß das Ansehen der Gerichte in der öffentlichen Meinung herabgesetzt wird. Solche Beleidigungen bilden einen der vielen Tatbestände des Contempt of Court.

Es kann natürlich an dieser Stelle nicht daran gedacht werden, die Lehre des Contempt of Court auch nur in ihren Grundzügen zu schildern [2]). Es wäre das auch überflüssig, weil eine Reihe von Contempttatbeständen, ja, gerade die in der Praxis wichtigsten, von prozessualer Natur sind und daher mit den Fragen, um die es sich hier handelt, nichts zu tun haben. Die Frage, um die es sich hier dreht, ist mithin nur die, ob den Richtern und den Gerichten

---

to their judgements, without which it is impossible to execute the laws with vigour and success, if they should be continually exposed to the prosecutions of those whose partiality to their own cases would induce them to think themselves injured.« Es mag übrigens bemerkt werden, daß zum Schutz gesicherter Rechtspflege Immunitätsbestimmungen auch für die nichtrichterlichen Beamten der Gerichte, ferner für die Geschworenen, Zeugen usw. existieren. Vgl. z. B. Yearly County Court Practice 1928 vol. I p. 6, 7.

4) Die Praxis geht sehr weit. Vgl. Lord Justice Kay in der Entscheidung Anderson v. Gorrie, Law Reports, Queen's Bench Division 1895 vol. I p. 672: »I take the law to be clear that for an act done by a judge in his capacity of judge he cannot be made liable in an action, even though he acted maliciously and for the purpose of gratifying private spleen.« Wenn allerdings Dawson, Principles of Official Independence p. 45 ausführt, daß Lord Esher in dieser Entscheidung gesagt haben soll, er könne unter Umständen Barristers erschießen, ohne sich strafbar zu machen, so findet sich in dem offiziellen Report kein derartiger Satz, der übrigens auch unzutreffend wäre, da eine kriminelle Immunität, wie wir gesehen haben, nicht existiert. Auf die Einzelheiten der sehr verwickelten Lehre kann indessen nicht eingegangen werden. Doch darf hervorgehoben werden, daß die vielen Entscheidungen untereinander keineswegs widerspruchslos sind. Vgl. zum Ganzen auch Robson, Justice and Administrative Law p. 50 et seq.

1) Vgl. die Ausführungen des Lord Chancellor: »There was no pecuniary remedy for a suitor against a Judge, but any Judge could be removed from his office by an Address from both Houses of Parliament«, zitiert bei Hatschek Bd. II S. 598 Anm. 2. Sein Zitat ist jedoch unzutreffend.

2) Vgl. die zusammenfassende Darstellung Oswald, Contempt of Court 3d Ed. 1910 und Halsbury vol. VII p. 279 et seq.

in Hinblick auf beleidigende Angriffe, die gegen sie als Richter oder als Gerichte erhoben werden, ein erhöhter Ehrenschutz eingeräumt ist, etwa durch die Möglichkeit, solche Angriffe als Contempt zu bestrafen. Diese Frage muß bejaht werden [1]). Aus den vielen Tatbeständen des Contempt [2]) hebt sich nämlich der eine klar hervor, der als Scandalising the Court bezeichnet wird [3]). Gewiß ist der Richter nach erlassenem Urteil nebst diesem Urteil der Kritik freigegeben. Aber diese Kritik darf niemals so weit gehen, daß sie sich gegen die Ausübung der Gerichtsbarkeit als solche wendet. Überschreitet die Kritik ihr von der Praxis nur in sehr engen Grenzen zugebilligtes Maß, so macht sich der Kritiker strafbar wegen Contempt, und namentlich wird ein Überschreiten der Grenzen in der Presse von den Gerichten scharf geahndet. Die Ansichten über eine derartige Strafmöglichkeit gingen indessen vor noch nicht langer Zeit auseinander. In einem Urteil des Judicial Committee of the Privy Council [4]) findet sich der Satz »Committals for contempt of Court by scandalsing the Court have become obsolete in this country«. In diesem Urteil wird mithin Contempt nur angenommen bei Handlungen ex facie of the Court oder bei Handlungen während eines schwebenden Verfahrens. Diese Auffassung ist jedoch von der englischen Judikatur nicht aufgenommen [5]). Schon 1900 ergeht ein Urteil der Queen's Bench Division [6]), in dem mit aller Deutlichkeit die gegenteilige Auffassung vertreten und der Satz aufgestellt wird: »Any act done or writing published calculated to bring a Court or a Judge of the Court into contempt, or to lower his authority is a Contempt of Court [6]). An diesem Standpunkt hat die Praxis festgehalten, wie ein neuerdings ergangenes Urteil der King's Bench Division beweist [7]).

Es kann mithin keinem Zweifel unterliegen, daß der Tatbestand von Scandalising the Court strafbarer Contempt of Court ist, der von

---

[1]) Sehr zu Unrecht hat sie Kern, Deutsche Richterzeitung 1928 S. 72f. verneint. Er hat den durch nichts bewiesenen Satz aufgestellt, nur ein Prozeßbeteiligter könne diesen Tatbestand des Contempt verwirklichen. Davon kann gar keine Rede sein.

[2]) Vgl. dazu namentlich Gerland S. 828 ff.

[3]) Vgl. dazu Oswald, Contempt of Court p. 48 et seq.; Halsbury vol. VII p. 284 et seq.

[4]) Mc Leod v. St. Aubyn, Appeal Cases 1899 p. 549, insbesondere p. 561.

[5]) Es ist zu beachten, daß Urteile des Privy Council nur Überzeugungs-, nicht aber Gesetzeskraft haben.

[6]) The Queen v. Gray, Law Reports, Queen's Bench Division, 1900 vol. II p. 36—42.

[7]) Urteil Rex v. Sharp, abgedruckt in der Beilage zum New Statesman vom 18. 2. 1928.

den einzelnen Gerichten im Rahmen ihrer Strafgewalt [1]) summarisch abgeurteilt werden kann. Was das bedeutet, wird erst dann klar, wenn man bedenkt, daß die Superior Courts eine unbeschränkte Strafgewalt haben, mithin auch auf Freiheitsstrafen nach freiem Ermessen erkennen können. Und es verdient, damit ein klares Bild über die Praxis gewonnen wird, hervorgehoben zu werden, daß in dem ersten der eben erwähnten Fälle das Gericht trotz einer geradezu demütigen Abbitte des Beklagten auf eine Buße von £ 1000 nebst £ 25 Kosten, also auf rund 20 500 M. erkannt hat, und zwar wurde diese »milde Strafe« nur mit Rücksicht auf die Abbitte verhängt [2]).

Daß derartige Strafmöglichkeiten die Lust an öffentlichen Beschimpfungen der Gerichte und der Richter ganz beträchtlich herabsetzen müssen, liegt auf der Hand. Wiederum zeigt sich aber hier die den Einzelnen nicht berücksichtigende Art, mit der in England das Gesamtinteresse gewahrt wird. Freiheit und Schutz gilt für den Einzelnen nur, wenn er sich dem Staatsgedanken, in seinen verschiedenen Auswirkungen, beugt. Tut er es nicht, so trifft ihn, ohne Rücksicht auf seine Motive, die ganze Schwere des Gesetzes. Das, worauf es ankommt, ist die Rechtspflege und die Unabhängigkeit, das Ansehen der Richter zu schützen. Preßfreiheit, Redefreiheit sind niemals Schimpffreiheit, haben niemals absoluten, sondern immer nur relativen, durch den Staatsgedanken bedingten Anspruch auf Anerkennung [3]). Und so ist es gekommen, daß jene gehässige, überaus gefährliche Verunglimpfung der Gerichte [4]), an die

---

[1]) Vgl. Gerland S. 833 ff.

[2]) Vgl. oben S. 56 Anm. 6.

[3]) Man vergleiche den Satz im Urteil gegen Gray: »Judges and Courts are alike open to criticism, and if reasonable argument or expostulation is offered against any judicial act contrary to law or to public good, no Court could or would treat that as contempt of Court. The law ought not be astute in such cases to criticise adversely what under such circumstances and which such an object is published; but it is to remember that in this matter the liberty of the press is no greater and no less than the liberty of every subject of the Queen.« Und nun sagt anknüpfend an diesen Satz das Urteil Rex v. Sharp: »It« (d. h. der unter Anklage stehende Artikel, auf den wir noch zurückkommen werden) »imputes unfairness, lack of propriety, to the learned Judge in the actual performance of his judicial duties. The gravamen of that matter is not in the smallest degree that it is a reflection upon the individual Judge, but that by tending to lower his authority it does tend to interfere with the due administration of justice; and if we came to the conclusion that the attack, that contempt, going as it goes clearly beyond the limits of any criticism which could be called legitimate, was deliberately intended by the writer« so, sagt das Gericht, hätte eigentlich auf Gefängnis erkannt werden müssen, wovon indessen in Hinblick auf die unbedingte Abbitte Abstand genommen wird.

[4]) Man bedenke die wohlabgewogenen Worte, die sich bei Halsbury vol. VII

wir in Deutschland ja leider schon gewöhnt sind, und die bei uns zu Unrecht mit der Bezeichnung Vertrauenskrise entschuldigt wird, in England einfach unmöglich ist[1]). Denn jede ein berechtigtes Maß sachlicher Kritik überschreitende herabsetzende Äußerung über Richter und Gerichte, gleichgültig ob mündlich oder schriftlich gemacht, ist strafbarer Contempt of Court[2]).

p. 284, 285 finden: »The punishment is inflicted, not for the purpose of protecting either the court as a whole or the individual judges of the court from a repetition of the attack, but protecting the public, and especially those who either voluntarily or by compulsion are subject to the jurisdiction of the court, from the mischief they will incur if the authority of the tribunal be undermined or impaired« Bei Oswald Contempt of Court p. 49 wird das Urteil R. v. Almon aus dem Jahre 1765 zitiert, das folgende höchstbeachtenswerte Wendung enthält: »The principle upon which commitments are made for libels upon Courts is to keep a blaze of glory around them, and to deter people from attempting to render them contemptible in the eyes of the public.«

[1]) Robson, Justice and Administrative Law p. 55, stellt als Folge der Möglichkeit, Scandalising the Court als Contempt zu bestrafen, in tatsächlicher Hinsicht fest: »... and in effect the judiciary enjois an almost complete immunity from attack either in the Press or in the platform.«

[2]) Zur Illustration der so ganz verschiedenen deutschen und englischen Verhältnisse mögen die Tatbestände zweier englischer Contemptfälle mitgeteilt werden. Zunächst der Tatbestand in R. v. Sharp. Hier handelt es sich um einen Artikel, veröffentlicht im New Statesman, in dem folgende Sätze als Contempt aufgefaßt sind: »We can not help regarding the verdict given this week in the libel action brought by the Editor of the Morning Post against Dr. Marie Stopes as a substantial miscarriage of justice. We are not at all in sympathy with Dr. Stopes' work or aims, but prejudice against those aims ought not to be allowed to influence a court of justice in the manner in which they appeared to influence Mr. Justice Avory in his summing up.... The serious point in this case, however, is that an individual owing to such views as those of Dr. Stopes cannot apparently hope for a fair hearing in a Court presided over by Mr. Justice Avory and there are so many Avorys.« Der andere Fall wird im House of Commons erwähnt und dort vom Solicitor-General, ohne daß Widerspruch laut wird, als schwerer Fall von Contempt charakterisiert (3 H. D. vol. 172 p. 871 et seq.): »The result was that there appeared in some of the Journals representations as to the circumstances involving the gravest imputation that could be laid to the charge of a Judge — namely, that but of respect of the position of a noble man he had departed from the ordinary and proper cause, and had, contrary to this duty, determinded to hear the cause in private, and to shield an influential, powerful and noble person from the possible exposure of circumstances, he desired to have concealed.... That imputation could not but affect the mind of a man of high honour, like Sir John Stuart. It was open and competent for him ... to deal with it as a grave contempt of Court....« Damit vergleiche man das, was unsere Radikalpresse alle Tage bringt. Ich gebe einige Beispiele, die ich dem vorerwähnten Aufsatz von Kern, Deutsche Richterzeitung 1928 S. 69 f., entnehme: Die Rote Fahne schreibt am 4. 11. 1926 unter anderem: »Die Verhandlungen des Niednergerichtes sind schamlose Komödien. Es ist höchste Zeit, dieser Justiz das Handwerk zu legen.... Eine groß an-

Aber auch nach anderer Richtung erweisen sich die Strafmöglichkeiten des Contempt of Court in Hinblick auf die Unabhängigkeit der Gerichte von größter Bedeutung. Ja ich glaube, man wird dieser Möglichkeit eine noch erhöhte Bedeutung gegenüber der eben erwähnten einräumen müssen. Danach ist jede Äußerung außerhalb des Gerichtes, mündlich oder schriftlich getan, strafbar, wenn sie darauf abzielt, »to interfere with the due course of justice or the lawful process of court [1])«. Es soll unter allen Umständen vermieden werden, Stimmung für oder gegen einen der an einem gerichtlichen Verfahren Beteiligten zu machen. Nur das Gericht soll entscheiden, unbeeinflußt durch die öffentliche Meinung, und damit der Richter seine Unabhängigkeit auch völlig bewahren kann, muß sich die öffentliche Mei-

---

gelegte Rede gegen die verbrecherische Niednerjustiz hält für die kommunistische Partei Genosse Rosenberg.« Die Leipziger Volkszeitung vom 8. 12. 1927 spricht von der hirnverbrannten Rechtspraxis, die am Reichsgerichtsplatz seit Jahr und Tag ihr Unwesen treibt, die Aufdeckung von Landesverrat mit schweren Zuchthausstrafen bedroht, aber nicht zugreift, »wenn die Beweise von Hoch- und Landesverrat wie Sand am Meere zutage liegen«. Das Hamburger Echo vom 16. 7. 1927 redet von dem furchtbaren Regiment der Rechtsbeugung durch die deutsche Justiz, von dem Wirken ihrer Klassenrichter. Der Vorwärts vom 5. 10. 1927 wirft der deutschen Justiz vor, sie sei das Gegenteil des Gerechten und Guten, sie führe das Recht nur gegen die Kommunisten, nicht gegen die Rechte durch. Das Berliner Tageblatt vom 23. 10. 1927 knüpft an ein Urteil die Bemerkung: »Die Justiz wird zu einem Untier, einer Dampfwalze vergleichbar, welche gedankenlos, brutal und seelenlos Menschen, Seelen, Existenzen zermalmt und sich dabei groß vorkommt, der Moral des Staates zu dienen, indem sie eine Blutsaat des Hasses gegen ihn ausstreut, an der die Nation zugrunde gehen muß.« Alle diese Beispiele, die sich beliebig fast jeden Tag vermehren ließen, haben nicht das geringste mehr mit Rede- und Gedankenfreiheit zu tun. Sie arbeiten einfach mit Beschimpfungen und würden in England, dem Land traditioneller Freiheit der Rede, nicht einen Augenblick, und zwar mit Recht nicht, geduldet werden. Denn man bedenke, was es heißt, wenn derartige Behauptungen tagaus tagein einer gänzlich voraussetzungslosen Leserschaft vorgesetzt werden. Daß die Autorität der Gerichte in den weitesten Kreisen der Bevölkerung vernichtet werden muß, versteht sich von selbst, und man versteht einen Staat nicht, der Dinge soweit hat treiben lassen, die in ihren Anfängen zu ersticken er verpflichtet war. Ich begreife aber auch Kern nicht, wenn er trotz des von ihm vorgebrachten Materiales meinen Vorschlag, den Richtern und Gerichten einen hinreichenden Schutz für ihre Berufsausübung zu verschaffen, der heute fehlt (Deutsche Juristenzeitung 1927 S. 125), schroff ablehnt. Der Engländer läßt lieber berechtigte Kritik unmöglich sein, als daß er unberechtigte Angriffe irgendwie duldet. Und so sagt Swift Macneill 4 H. D. vol. 160 p. 369 mit Recht: »The judicial bench ... had been surrounded ... by many protections against improper and even proper criticism.« Daß übrigens nicht jede Kritik unmöglich gemacht wird, selbst wenn sie scharf ist, beweisen meine Angaben Gerland S. 842 Anm. 5.

[1]) Halsbury vol. VII p. 284.

nung, muß sich namentlich die Presse während schwebender Sachen einer Zurückhaltung befleißigen, die sich äußerst vorteilhaft von dem Verfahren abhebt, das, ich muß wiederum leider sagen, bei uns üblich geworden ist[1]. Genaueste Berichterstattung über schwebende Prozesse bei völliger Zurückhaltung und Vermeidung eigenen Urteils ist eine Selbstverständlichkeit für die englische Presse, von der man in Deutschland viel lernen könnte. Denn wenn man den unabhängigen Richter verlangt und ihn für unentbehrlich hält, so muß man ihn auch allein entscheiden lassen. Daß aber nichts mehr die objektive, ja auch die subjektive Unabhängigkeit eines Richters, namentlich eines Laienrichters in Frage stellen kann, als wenn die Presse in einseitiger Weise vor der gerichtlichen Entscheidung ihr Urteil in bestimmtester Form ausspricht, ist eine so zweifellose Tatsache, daß zu ihr nichts weiter bemerkt zu werden braucht[2]. Gegen derartige Beeinflussungsmöglichkeiten durch die öffentliche Meinung Vorbeugungsmaßregeln getroffen zu haben, die Unabhängigkeit der Gerichte auch nach dieser Richtung hin zu sichern versucht zu haben, ist das Eigentümliche in den Contemptbestimmungen des englischen Rechtes, das es von anderen Rechten scharf unterscheidet, und das wohl ernsthafteste Beachtung verdient.

2. Das englische Parlament und die Ausübung der Gerichtsbarkeit.

§ 3. a. Die allgemeine Justizaufsicht des Parlaments und die Mittel ihrer Ausübung.

I. 1. a) α) Wir haben bereits in anderem Zusammenhang festzustellen Gelegenheit gehabt, daß das Parlament an der Ausübung der Justizverwaltung mit beteiligt ist. Wir haben hierbei die überaus wichtige Rolle kennengelernt, die das Parlament im Disziplinarverfahren gegen Richter zu spielen berechtigt und verpflichtet ist[3]; denn es ist ein Disziplinarverfahren, wie wir im einzelnen noch sehen werden[4], wenn eine gemeinsame Adresse auf Absetzung eines Richters in beiden Häusern beraten und beschlossen wird. Die Frage entsteht nun — und über ihre Bedeutung kann kein Zweifel bestehen —, ob das Parlament nur als Disziplinarorgan an der Justizverwaltung beteiligt ist, oder ob es weitergehende Rechte in dieser

---

[1] Auch hier dürfte ein Vergleich englisch-deutscher Tatbestände nicht ohne Bedeutung sein. Man vergleiche Gerland S. 831 Anm. 3.

[2] Vgl. übrigens auch die Verhandlungen im House of Commons 3 H. D. vol. 224 p. 1743, vol. 226 p. 375; 4 H. D. vol. 167 p. 147.

[3] Vgl. weiter oben S. 44.

[4] Vgl. weiter unten S. 79 ff.

Richtung hat. Diese Frage muß unbedingt im Sinne der zweiten Alternative beantwortet werden. Und wir müssen den generellen Satz aufstellen, daß die allgemeine Justizaufsicht, d. h. die Aufsicht über die Rechtspflege im weitesten Sinn, über die Ermöglichung einer Rechtspflege überhaupt und über die Ausübung der Rechtspflege im einzelnen, in den Händen des Parlaments liegt. Sie steht beiden Häusern des Parlaments gemeinsam und gleichmäßig zu; daß aber das Schwergewicht der Aufsicht beim House of Commons liegt, ist nach der ganzen Struktur der englischen Verhältnisse selbstverständlich [1]).

β) Steht aber die allgemeine Justizaufsicht dem Parlament zu, so ergibt sich ohne weiteres, daß ihm auch die Justizaufsicht i. e. S., d. h. die Überwachung der Rechtspflege, die Oberaufsicht über die Gerichte in Hinblick auf ihre funktionelle Tätigkeit zusteht. Auch hierüber besteht kein Zweifel; und insoweit ist das englische Parlament allen Gerichten des Landes übergeordnet, gleichgültig, ob dieselben höhere oder niedere Gerichte sind.

b) α) Diese Sätze sind anerkanntes Recht in England; sie werden von keiner Seite irgendwie angezweifelt. Die Literatur hat sie, gezwungen durch jahrhundertealte Praxis des Parlaments, bedingungslos anerkannt [2]). Und das Parlament nimmt mit aller

---

[1]) Immerhin greift auch das House of Lords unter Umständen ein. Vgl. die außerordentlich bedeutungsvolle Debatte vom 29. 3. 1922 über die durch eine politische Rede eines Law Lord aufgeworfene Frage, ob die Law Lords als Richter sich politisch betätigen dürfen. Lord Birkenhead als Lord Chancellor bestritt dies in Übereinstimmung mit der öffentlichen Meinung auf das entschiedenste, von dem Satz ausgehend »that any one acting as a Judge, should not take an active part in politics.« Lord Carson, einer der Law Lords, gab die Gültigkeit des Satzes für alle Richter mit Ausnahme eben der Law Lords zu. Sein Standpunkt wurde von der Mehrheit nicht gebilligt. Wie die öffentliche Meinung dachte, ersieht man aus den Ausführungen der Law Times vol. 153 p. 239, die ausdrücklich auf die Möglichkeit der Entfernung aus dem Amt aufmerksam macht. Vgl. die Verhandlungen 5 H. D. (House of Lords) vol. 49 p. 931—973.

[2]) Ich verweise hier einfach auf Todd's Ausführungen vol. I p. 571: »The great function of Parliament has been declared to be the maintenance of the law and the redress of grievances. Thus is one of their principal duties and functions to be observant of the courts of justice, and to take due care that none of them, from the lowest to the highest, shall pursue new courses unknown to the laws of this kingdom, or to equity, sound legal policy, or substantial justice.« Vgl. auch Commons Journal vol. 49 p. 517; Stubbs, Constitutional History of England vol. II p. 605. Vgl. ferner Macaulay, der im 20. Kapitel seiner History of England folgende charakteristische Schilderung der Verhältnisse gibt: »The Ministry is . . . a committee of leading members of the two Houses. It is nominated by the Crown, but it consists exclusively of statesmen whose opininons on the pressing questions of the time agree, in the main, with the majority of the House

Entschiedenheit ein Recht für sich in Anspruch, von dem es einmal in den Verhandlungen des House of Commons heißt [1]): »It had been acknowledged by Sir Robert Peel in 1843, by Lord Palmerston in 1853 and by Gladstone in 1873.« Und in der Tat haben die drei genannten Staatsmänner ausdrücklich oder implicite ein Recht des Parlaments namentlich in der Richtung hin anerkannt, daß das Parlament zur Überwachung der Gesetzmäßigkeit der Richtertätigkeit berufen sei. Namentlich Peels Ausführungen sind so grundlegend und bedeutungsvoll, daß es gestattet sein mag, etwas näher auf sie einzugehen. Peel bezeichnet am 15. 3. 1843 [2]), und zwar, wie hervorgehoben zu werden verdient, ohne Widerspruch zu finden, das Parlament als die höchste Kontrollinstanz über den Gerichtshöfen [3]). Er weist, indem er auf die Einzelheiten der parlamentarischen Befugnisse eingeht, darauf hin, daß das Parlament nicht nur das Recht habe, die Krone um Entlassung eines Richters zu bitten, sondern daß ihm auch die weitergehende Aufgabe obliegt, die Justizaufsicht über die Gesamtrechtspflege im Lande ganz allgemein auszuüben [4]) [5]). Und Gladstone spricht zwar diesen Gedanken nicht ausdrücklich aus, erkennt ihn aber auch implicite in seinen ganzen Ausführungen zu einem Antrag an, der beachtenswerterweise bezweckte, der Regierung das Mißfallen des Hauses über

---

of Commons. . . . If . . . the majority is dissatisfied with the way in which patronage is distributed, with the way in which the prerogative of mercy is used . . . the remedy is simple. It is not necessary that the Commons should take on themselves the business of administration, that they should request the Crown to make this man a bishop and this man a judge, to pardon one man and to execute another. . . . They have merely to declare that they have ceased to trust the Ministry and to ask for a Ministry which they can trust.«

[1]) Vgl. die grundlegenden Verhandlungen vom 6. 7. 1906 im House of Commons, 4 H. D. vol. 160 p. 369 et seq. Der erste Redner der Regierungsparteien beginnt seine Ausführungen mit der These: »It was absolutely certain that both Houses of Parliament had got what was called a controlling power over the Judges of the Land«. Die Opposition erkennt diesen Satz ebenso unzweideutig an; ebenso der Attorney General, ebenso der Prime-Minister.

[2]) 3 H. D. vol. 67 s. 1006.

[3]) »I cannot forget, that . . . the constitution places us as a centrolling power over the courts of law«.

[4]) »This House has not only the right to address the Crown for removal of a particular judge, but, in cases of misconduct, it has the right of exercising power even more unpalatable to the judges; it has the right of exercising a superintending control over the manner in which they discharge their duties, and to institute inquiries relative thereto . . . . .«. Vgl. übrigens auch die Verhandlungen vom 21. 2. 1843 3 H. D. vol. 66 p. 1038—1143. Hier sagt unter anderem Sir James Graham: »I also agree wilh the noble Lord in thinking that the due administration of justice is promoted by the exercise of the vigilance of Parliament«.

[5]) Vgl. ferner die Verhandlungen 3 H. D. vol. 140 p. 1544 et seq.

eine konkrete Richterernennung zum Ausdruck zu bringen [1]). Auch aus neuerer Zeit lassen sich leicht weitere Belege dafür erbringen, daß die Auffassung, die Praxis des Parlaments sich nicht geändert hat [2]). Nach wie vor wird an dem Satz festgehalten, daß die oberste Justizaufsicht nach allen Richtungen hin, also auch die oberste Dienstaufsicht über die englischen Richter vom Parlament ausgeübt wird.

β) Die Tatsache, daß das Parlament oberstes Justizaufsichtsorgan ist, bedeutet natürlich nicht, daß die Justizaufsicht ihm ausschließlich zusteht. Davon kann keine Rede sein, wie wir ja auch bereits gesehen haben, daß die Disziplinargewalt über Grafschaftsrichter, Friedensrichter usw. durch den Lord Chancellor usw. ausgeübt wird [3]) Aber das Parlament hat, soweit andere Organe an der Justizaufsicht beteiligt sind, wiederum die Kontrolle über diese Behörden, und insofern steht eben doch die letzte Justizaufsicht bei ihm. So kann zwar der Lord Chancellor Grafschaftsrichter absetzen [4]). Weigert er sich aber, dies zu tun, erachtet aber das Parlament die Absetzung für geboten, so kann letzteres seinerseits Adresse auf Absetzung beschließen [5]) oder es kann dem Lord Chancellor Anregungen usw. geben, die Absetzung zu verfügen, Anregungen, die sich schließlich zu einem Mißtrauensvotum gegen die Regierung verdichten können. So bleibt oberstes Aufsichtsorgan immer das Parlament. Daß dabei die Dienstaufsicht, insbesondere über die höheren Richter nur mit größtem Takt und größter Zurückhaltung ausgeübt wird, haben wir bereits früher bemerkt [6]); es ändert dies aber nichts an der Tatsache, daß

---

[1]) 3 H. D. vol. 209 p. 658—762. Der Antrag lautet: »that this House has seen with regret the course taken by Her Majesty's Government in carrying out the provisions of the Act of last Session relative to the Judicial Committee of the Privy Council; and is of opinion that the elevation of Sir Robert Collier to the Bench of the Court of Common Pleas for the purpose only giving him a colourable qualification to be a paid member of the Judicial Committee, and his immediate transfer to the Judicial Committee accordingly, were acts at variance with the spirit and intention of the Statute, and of evil example in the exercise of judicial patronage«.

[2]) 4 H. D. vol. 160 p. 369 et seq.; 5 H. D. vol. 175 p. 6 et seq. (Verhandlungen vom 25. 6. 1924).

[3]) Der Satz Dicey's p. 405, daß der Richter nur dem Parlament unterworfen sei, geht zu weit, und zwar auch hinsichtlich der hohen Richter. Kann doch die Regierung stets das Verhalten auch eines hohen Richters prüfen, um sich darüber schlüssig zu machen, ob sie einen Adressantrag im Parlament herbeiführen will oder nicht. Vgl. z. B. die Andeutungen von Gladstone 3 H. D. vol. 209 p. 757.

[4]) Vergl. weiter oben S. 47.

[5]) 51 and 52 Vict. c. 43.

[6]) Vgl. weiter oben S. 40.

das Parlament die Dienstaufsicht auszuüben mit oder allein berechtigt ist.

2. a) Die vorstehenden Ausführungen führen uns zu der weiteren Frage, wem gegenüber das Parlament das Recht auf Justizaufsicht hat. Die Frage beantwortet sich einfach genug dahin, daß das Parlament dieses Recht in bezug auf alle Staatsorgane hat, die an der Ausübung der Rechtspflege nur irgendwie mitbeteiligt sind. Mit anderen Worten: der Kontrolle des Parlaments unterstehen hinsichtlich ihrer funktionellen Tätigkeit auf der einen Seite sämtliche Justizverwaltungsbehörden, an ihrer Spitze in erster Linie der Lord Chancellor [1]), auf der anderen Seite die eigentlichen Rechtsprechungsbehörden, d. h. also die Gerichte mit ihren Richtern und sonstigen Beamten.

b) Nun kann zwar de jure dem Parlament ein weitgehender Einfluß auf die Justizaufsicht eingeräumt sein, ohne daß es indessen von diesem seinem Recht einen entsprechenden Gebrauch zu machen braucht. Um ein hinreichendes Bild von den tatsächlichen Verhältnissen zu bekommen, ist es daher notwendig, daß wir uns über den Umfang klar zu werden versuchen, in dem das Parlament von seinen Machtbefugnissen Gebrauch macht. Wir haben hierbei die Aufsicht über die Justizverwaltung und die Rechtsprechung zu unterscheiden, können aber sofort feststellen, daß das Parlament im weitesten Umfang tätig wird.

α) Die Aufsicht über die Justizverwaltung wird nach den verschiedensten Richtungen hin ausgeübt. Da das Parlament die zur Ausübung der Gerichtsbarkeit nötigen Gelder (mit Ausnahme der Richtergehälter, die aus dem Consolidated Fund zu entrichten sind und ein für allemal festgestellt sind [2])) zu bewilligen hat [3]), so ergibt sich hier die Möglichkeit, auch die Höhe und den Zweck der zu bewilligenden Ausgaben einer eingehenden Nachprüfung zu unterziehen, und bei dieser Gelegenheit, soweit dies im Rahmen zulässiger Kritik irgendwie angängig ist [4]), auch auf die Tätigkeit der Gerichtsbehörden zurückzukommen [5]). Allein auch sonst, also außerhalb

[1]) Die eigenartige Stellung des Lord Chancellor darf nie übersehen werden. Er ist hoher Richter als Mitglied des House of Lords und als Vorsitzender des Court of Appeal, er ist parlamentarisches Organ als Speaker of the House of Lords, und er ist Mitglied des Kabinetts. Vgl. Hatschek, Englisches Staatsrecht Bd. II S. 32, 155 f.

[2]) Vgl. weiter oben S. 49.

[3]) Die Ausgaben für die Rechtspflege finden sich im Etat unter den Ausgaben für den Civil Service in einem besonderen Unterabschnitt. Vgl. z. B. 3 H. D. vol. 312 p. 1022.

[4]) Vgl. hierzu weiter oben S. 50 ff.

[5]) Vgl. hierzu z. B. 3 H. D. vol. 312 p. 1110.

der Etatberatungen, können wir feststellen, daß das Parlament fortgesetzt die Justizverwaltung kontrolliert, ihr selbständige Anregungen gibt, immer, wie betont werden mag, nach allen nur denkbaren Richtungen hin [1]). Da wird Klage über zu niedrige Gehälter der richterlichen Gerichtsbeamten, über zu lange Ferien der Gerichte, über zu hohe Kosten der Prozesse, über ungenügende Besetzung der Gerichte und damit verbundene Prozeßverschleppungen, über mangelhaften Zustand der Baulichkeiten erhoben usw. usw., kurz, was nur irgend in das Gebiet der Justizverwaltung gehört, kann zum Gegenstand der Verhandlungen gemacht werden und wird dazu gemacht [2]).

Es kann nun natürlich nicht daran gedacht werden, eine auch nur einigermaßen erschöpfende Übersicht der Tätigkeit zu geben, die das Parlament hier entfaltet. Nur auf einige besonders wichtige Fragen, die häufiger wiederkehren, mag besonders hingewiesen werden.

Zunächst kontrolliert das Parlament die Ernennung der Richter [3]). Man muß indessen hier unterscheiden zwischen den beamteten und nichtbeamteten Richtern. Daß das Parlament als solches Einfluß auf die Ernennung beamteter Richter auszuüben versucht, kann sicher nicht behauptet werden. Daß Parteieinflüsse sich unter Umständen geltend zu machen versuchen, kann ebensowenig geleugnet

---

[1]) Um sich einigermaßen ein Bild von der Mannigfaltigkeit des Stoffes zu machen, der dem Parlament fortgesetzt zugeht, und mit dem es sich beschäftigt, vergleiche man die Übersicht über die Drucksachen, die dem Parlament vorgelegt oder auf seine Anordnung gedruckt werden. Da finden sich eingehende Untersuchungen über Bauten und Zusammenlegungen von Gerichten, Berichte über neue Courts, ferner Berichte aller Art von Verwaltungskommissionen oder Einzelberichterstatter über Rechtsfragen, über die Praxis der Gerichte, über die Gerichtsbureaus des Supreme Court und ihre Einrichtungen, über notwendige Änderungen des Prozeßrechtes, über Käufe und Verkäufe von Grundstücken, über Ernennungen usw. Dazu kommen Statistiken aller Art, über die Tätigkeit der Gerichte nach Zahl und Art der erledigten Sachen, über die Inanspruchnahme der einzelnen Richter, über Kosten, Gebühren, Zahl der Schiedssachen usw. Vgl. General Alphabetical Index zu den Commons Papers 1852—1899 p. 303, 310, 762, 765; denselben 1900—1909 p. 104, 106, 242, 243, 244.

[2]) Vgl. etwa als Beispiele solcher Verhandlungen usw. 3 H. D. vol. 178 p. 68; vol. 198 p. 1530; vol. 201 p. 1597; vol. 220 p. 524; vol. 221 p. 1394. 4 H. D. vol. 99 p. 1737; 5 H. D. (Commons) vol. 160 p. 1991; vol. 163 p. 1179; vol. 164 p. 1301, 1772; vol. 165, p. 886; vol. 167 p. 1746; vol. 172 p. 599; vol. 171 p. 609, 1532, 2438, 953; vol. 176 p. 1340; vol. 188 p. 619; vol. 189 p. 2023; vol. 197 p. 1330; vol. 200 p. 2099, 2100. House of Lords 5 H. D. vol. 62 p. 1046, 1045 u. a. m.

[3]) Vgl. auch Todd vol. I p. 576, der dem Parlament das Recht auf volle Aufklärung betreffend Ernennung von Richtern usw. zubilligt.

werden [1]), wie wir ja auch auf die Ernennung von Richtern aus politischen Gründen bereits hingewiesen haben [2]). Derartige Einflüsse und Einwirkungen sind aber nicht parlamentarischer Art ja, es kann keinem Zweifel unterliegen, daß das Parlament, falls solche Einflüsse irgendwie zur Sprache gebracht würden [3]), sich gegen sie aussprechen würde. Allein das Parlament kontrolliert negativ, d. h. es nimmt unter Umständen scharf Stellung gegen die Ernennung eines Richters, wenn es die Methode seiner Ernennung mißbilligt [4]). Daß sich eine derartige Stellungnahme nicht gegen den betreffenden Richter kehrt, ist selbstverständlich [5]), wie denn auch eine Kritik einer Ernennung wegen Ungeeignetheit des Neuernannten mir wenigstens nicht bekanntgeworden ist. Man vermeidet eben alles, was die Autorität des nun doch einmal ernannten Richters in der Öffentlichkeit beeinträchtigen könnte [6]). Anders liegen dagegen die Verhältnisse bei den Friedensrichtern. Ihre Ernennungen kontrolliert das Parlament sehr genau. Und zwar einmal allgemein auf die Frage hin, ob bei den Ernennungen die Balance zwischen den Parteien richtig eingehalten ist, ob nicht zuviel konservative oder zuviel liberale Friedensrichter, heute ob auch hinreichend viel Arbeiter und nicht etwa nur Mitglieder der besitzenden Klasse ernannt werden. Die Kritik bezieht sich aber unter Umständen auch ganz speziell auf den Einzelfall, so daß nachgeprüft wird, warum A ernannt, warum B nicht ernannt ist. Den Friedensgerichten gegenüber, deren Zuständigkeit namentlich in den Quarter Sessions eine sehr bedeutende ist [7]), versucht

---

[1]) Vgl. die interessanten Ausführungen bei Birkenhead, Points of View vol. I p. 117 et seq., insbesondere p. 120, 121. Vgl. ferner Buckle, Life of Disraeli, vol. IV p. 593.

[2]) Vgl. weiter oben S. 42.

[3]) Daran haben die Parteien indessen bei der Möglichkeit des Parteiwechsels in der Regierung kein allzu großes Interesse, da doch schließlich jede Partei Nutznießer des Rechts auf Patronage ist.

[4]) Ich weise auf den Fall der Ernennung von Sir Robert Collier zum Richter hin, der fast zum Sturz des Ministeriums Gladstone geführt hat. Sir Robert Collier wurde für zwei Tage zum Judge of the Common Pleas ernannt, um zum Mitglied des Judicial Committee ernannt werden zu können. Gegen diese erste rein formale, zur Umgehung des Gesetzes vorgenommene Ernennung erhob sich ein Sturm der Entrüstung, der zu sehr lebhaften parlamentarischen Debatten führte. Vgl. 3 H. D. vol. 209 p. 658—759; Birkenhead, Points of View vol. I p. 122 et seq.

[5]) Daß die entgegengesetzten Ausführungen Gladstones in den in der vorstehenden Anm. erwähnten Verhandlungen p. 757 nichts als einen parlamentarischen Schachzug bedeuten, ist von dem Schlußredner der Debatte p. 758 mit Recht hervorgehoben.

[6]) Vgl. dazu auch weiter oben S. 40.

[7]) Vgl. hierzu Gerland S. 25 ff. und S. 52 ff.

das Parlament mithin, und zwar mit Erfolg, einen mitbestimmenden Einfluß auf ihre Zusammensetzung auszuüben [1]).

Was für die Ernennung gilt, gilt selbstverständlich auch für die Absetzung von Richtern. Auch hier wird die Frage im wesentlichen nur für die Friedensrichter praktisch, da ja die hohen Richter nur auf Initiative des Parlaments abgesetzt werden können [2]). Daß aber die von der Regierung allein durchgeführte Entfernung eines Grafschaftsrichters, eines Polizeirichters zum Gegenstand parlamentarischer Verhandlung gemacht werden kann, unterliegt gar keinem Zweifel [3]).

Des weiteren können wir feststellen, daß die Frage, ob in einem konkreten Fall öffentliche Anklage erhoben, oder warum sie nicht erhoben ist, im Parlament behandelt wird [4]). Und daß auch hier dieses unter Umständen versucht, auf die Entscheidungen der Regierung Einfluß zu gewinnen, läßt sich an vielen Beispielen nachweisen. Allerdings hat sich die Regierung auch gegen die Versuche gewandt, die Entscheidungen der Anklagebehörden, also des Attorney General einer kritischen Nachprüfung im Parlament, damit einer Kontrolle zu unterziehen. Allein das House of Commons ist dieser Auffassung nicht gefolgt und läßt sich von Besprechungen dieser Art nicht abhalten [5]). Daran ändert auch die Tatsache nichts,

---

1) Auch hier können nur einige Beispiele gegeben werden, die sich mit Leichtigkeit vermehren lassen. Ich greife sie aus verschiedenen Zeiten heraus: 3 H. D. vol. 8 p. 680, 1039, 1587; vol. 9 p. 967, 1082, 1088, 1394, 1451, 1595; vol. 10 p. 200 830, 1820; vol. 11 p. 546, 779, 882, 906; vol. 18 p. 234, 542, 878, 1556; vol. 34 p. 729, 769; vol. 39 p. 1500; vol. 43 p. 1344; vol. 179 p. 151. 5 H. D. (House of Commons) vol. 169 p. 996; vol. 173 p. 1369, vol. 170 p. 1958; vol. 171 p. 457, 459; vol. 173 p. 46; vol. 451 p. 1369; vol. 174 p. 1600 u. v. a. m.

2) Vgl. weiter oben S. 44 f.

3) Vgl. für Friedensrichter etwa 3 H. D. vol. 34 p. 729, 769; 5 H. D. (House of Commons) vol. 175 p. 937, 951; vol. 177 p. 443. Für Grafschaftsrichter 3 H. D. vol. 183 p. 722.

4) Ebenfalls nur beispielsweise: 3 H. D. vol. 159 p. 145, 201; vol. 171 (House of Lords) p. 1294 et seq.; vol. 208 p. 1786; vol. 215 p. 1297; vol. 226 p. 375; vol. 234 p. 1557. 4 H. D. vol. 64 p. 867 u. v. a. m. Vgl. auch Todd vol. I p. 575.

5) Vgl. die sehr bedeutungsvollen Verhandlungen über den Campbell Case 5 H. D. vol. 177 (House of Commons) p. 8 et seq., 511 et seq., 581 et seq. Interessant ist hier unter anderem die eingehende Art, in der der Attorney General darlegt, warum er im konkreten Fall die Anklage nicht weiter hat durchführen lassen. Wenn allerdings in diesen Verhandlungen von seiten der demnächst siegreichen Partei die Unabhängigkeit des Attorney General scharf betont wurde, so ist damit nur seine berufliche Unabhängigkeit gegenüber Parteieinflüssen gemeint. Daß der Attorney General Weisungen seitens des Lord Chancellors oder seitens des Gesamtministeriums unterworfen ist, unterliegt keinem Zweifel. Vgl. auch Gerland S. 863 ff. Insofern hat auch der damalige Prime-

daß die gutachtlichen Äußerungen, die der Attorney- oder der Solicitor-General der Regierung erstattet hat, dem Haus nicht vorgelegt werden [1]). Es herrscht eben die Praxis des Parlaments, die wohl noch mit der alten Tatsache, daß das House of Commons selbst Anklagen erheben kann [2]), zusammenhängt, unter Umständen Anklageerhebungen durch die zuständigen Behörden zu veranlassen [3]). Und es ist beachtenswert, daß der vor einigen Jahren erfolgte Sturz der Regierung der Labour Party, also des Ministeriums Macdonald erfolgte, weil die Mehrheit des Parlaments der Ansicht war, daß eine Anklage aus rein politischen Gründen nicht fortgeführt worden sei, was sie im Hinblick auf die Forderung unpolitischer Ausübung der Justiz zu billigen nicht vermochte [4]).

Auch das Gegenstück der Klageerhebung, Begnadigung und Strafvollstreckung werden nicht allzu selten zum Gegenstand der Verhandlung gemacht. So kann die Praxis der Regierung (dies ist namentlich in bezug auf die Strafvollstreckung und ihre verschiedenen Methoden häufig der Fall gewesen) kritisiert und kontrolliert werden. Es wird aber auch, namentlich selbstverständlich bei der Begnadigung, auf Einzelfälle zurückgegriffen, und es werden diese in ihren Einzelheiten behandelt [5]). Seitdem allerdings der Court of Criminal Appeal in Tätigkeit getreten ist [6]), hat das Interesse des Parlamentes an Begnadigungssachen wesentlich abgenommen.

β) Was die Justizaufsicht i. e. S. anbelangt, d. h. also die Aufsicht über die Rechtsprechung, so ist sie eine Sachaufsicht und eine Dienstaufsicht. Das will besagen:

Das Parlament kontrolliert die Rechtsprechung (man darf wohl sagen selbstverständlich) auf die Notwendigkeit der Gesetzesänderung

---

Minister mit gutem Recht die Befugnis für den Attorney General in Anspruch genommen, in politischen Prozessen die Meinung des Ministeriums einzuholen. Im übrigen zeigt die Anfrage 5 H. D. (House of Commons) p. 1648, wie stark der Einfluß ist, den das Parlament auf die Durchführung von Anklagen ausübt. Gibt doch auch die Regierung zu, daß sie infolge einer früheren Anfrage in einem bestimmten Fall das Nolle prosequi eingelegt, mithin das Verfahren zur Beendigung gebracht habe.

[1]) Vgl. hierzu Todd vol. I p. 576 et seq. mit zahlreichen Belegen aus der parlamentarischen Praxis.

[2]) Vgl. weiter oben S. 27 f.

[3]) Das letzte, äußerste Mittel ist das Mißtrauensvotum gegen die Regierung.

[4]) 5 H. D. (House of Commons) vol. 177 p. 581 et seq.

[5]) Vgl. z. B. 3 H. D. vol. 176 p. 164; vol. 180 p. 1600; vol. 234 p. 1440. 4 H. D. vol. 99 p. 1737.

[6]) 7 Edw. VII c. 23.

hin [1]). Hierüber braucht nichts weiter bemerkt zu werden. Das Parlament kontrolliert aber auch die Rechtsprechung im einzelnen. So wird die Richtigkeit der Entscheidung im Einzelfall bestritten [2]), oder es wird (z. B. bei Schwurgerichtsurteilen) auf die Verschiedenheit der Entscheidungen in den verschiedenen Gerichten hingewiesen [3]), ohne daß indessen eine derartige Kritik der Rechtsprechung die in deutschen Parlamenten so geläufige Form der persönlichen Kritik annehmen kann [4]), aus Gründen, die wir schon früher entwickelt haben [5]).

Was die Dienstaufsicht betrifft, so treffen wir sowohl eine generelle als auch eine spezielle Kritik und Kontrolle des Parlaments über die richterliche Tätigkeit, wobei aber sofort wiederholt betont werden mag, daß auch die generelle Kritik niemals in eine Herabsetzung der Gerichtstätigkeit als solcher ausmünden darf [6]). So treffen wir in den Verhandlungen Ausführungen über die Behandlungen der Parteien durch die Richter im allgemeinen [7]), es wird tadelnd auf den sogenannten richterlichen Witz hingewiesen [8]), der in der Praxis der englischen Gerichte immerhin eine gewisse Rolle spielt, und was dergleichen Angelegenheiten mehr von Bedeutung sein können. Wichtiger ist indessen die Stellungnahme des Parlaments zu dem Verhalten des Richters im Einzelfall. Daß auch hier das Eingreifen am häufigsten bei den Friedensrichtern und Polizeirichtern, am seltensten bei den höheren Richtern vorkommt, ist bei der ganzen Stellung der letzteren im Verhältnis zu den ersteren [9])

---

1) Vgl. z. B. 3 H. D. vol. 206 p. 1978; vol. 226 p. 561 u. v. a. m.

2) 3 H. D. vol. 188 p. 1147—1162; vol. 215 p. 1298; vol. 216 p. 1497; vol. 175 p. 1061 et seq.; vol. 165 p. 134 et seq.; vol. 171 p. 1611; vol. 172 p. 871 et seq.

3) 3 H. D. 175 p. 1061; vol. 186 p. 906. 4 H. D. vol. 14, p. 1091.

4) Vgl. dazu weiter oben S. 51 Anm. 6.

5) Vgl. weiter oben S. 50.

6) Vgl. weiter oben S. 51 Anm. 5.

7) Interessant in dieser Beziehung ist die Anfrage 5 H. D. (House of Commons) vol. 163 p. 1647, »whether, seeing that there is no means of discussing the conduct of judges in the bench except by means of an address to His Majesty praying for the removal of the judge, and that litigants have no remedy against irregular conduct by court or judge in the course of judicial proceedings, he will set up a committee consisting of Members of this House and of Members of the Privy Council before which litigants with causes of complaint against judges or counsel can lay their case?« Die Antwort ist natürlich verneinend.

8) Vgl. z. B. 4 H. D. vol. 160 p. 397, 403.

9) Vgl. Hierzu Gerland S. 807. Die Auffassung, die ich dort ausgesprochen habe (»Indem die englische Organisation die hohen Richter mit höchstem Glanz

so verständlich, daß dazu nichts weiter bemerkt zu werden braucht. Zum Gegenstand der Kritik wird aber sowohl das dienstliche als auch das außerdienstliche Verhalten der Richter gemacht [1]), immer aber im Rahmen der Gesamtregel, daß das Verhalten des hohen Richters nur in Verbindung mit einer substantive motion kritisiert werden kann [2]) [3]). Daß die Regierung übrigens fast immer für die Richter eintritt, ja dies sogar als ihre Pflicht betrachtet [4]), mag ausdrücklich hervorgehoben werden.

II. 1. Haben wir so im Vorhergehenden ein einigermaßen erschöpfendes Bild von der Mitwirkung des Parlaments hinsichtlich der Justizaufsicht zu geben versucht, ist das Resultat unserer Untersuchungen die Bestätigung unserer bereits zu Eingang dieses Abschnittes ausgesprochenen Ansicht, daß es in der Tat kein Gebiet der Rechtspflege im weitesten Sinn gibt, daß der Aufsicht des Parlaments nicht unterstellt wäre, ist mithin die Justizaufsicht, so wie sie das Parlament auszuüben berufen ist und tatsächlich ausübt, eine inhaltlich unbeschränkte, so muß nun andererseits auf bestimmte, nicht allerdings immer ganz feste und ausnahmslos durchgeführte Regeln der parlamentarischen Praxis eingegangen werden, durch die das Parlament seine tatsächliche Allgewalt in einer überaus beachtenswerten Weise eingeschränkt hat [5]). Das Bild,

---

umgibt, setzt sie durch eben diese Haltung die übrigen Richter indirekt herab,«) kann ich auch heute nur aufrecht erhalten. In dieser Beziehung hat sich, seitdem ich 1909 die zitierten Zeilen geschrieben habe, in England nichts geändert.

[1]) Auch hier können nur Beispiele gegeben werden 3 H. D. vol. 172 p. 871; vol. 175 p. 93; vol. 180 p. 341; vol. 181 p. 449; vol. 223 p. 461; vol. 224 p. 1743; vol. 312 p. 1110; vol. 320 p. 1023; vol. 184 p. 831; vol. 227 p. 827. 5 H. D. (House of Commons) vol. 135 p. 477. Es muß dann noch verwiesen werden auf die Disziplinarverhandlung im Parlament. Vgl. hierzu Todd vol. I p. 579 et seq.; vol. II p. 861 et seq. Ergänzend hinzuzufügen wären noch die Verhandlungen betreffend den Richter Grantham am High Court 4 H. D. vol. 160 p. 370 et seq., die Verhandlungen betreffend Justice Cardie 5 H. D. vol. 175 p. 6 (House of Commons) und die Verhandlungen im House of Lords betreffend Lord Carson. Vgl. 5 H. D. (House of Lords) vol. 49 p. 931—973.

[2]) Vgl. weiter oben S. 50.

[3]) Allerdings ist zu beachten, daß unter Umständen die Regierung es zwar ablehnt, auf das Verhalten des Richters mangels eines Sachantrages einzugehen, ihrerseits aber den in Frage stehenden Tatbestand dabei nach Möglichkeit aufklärt. Vgl. z. B. 3 H. D. vol. 228 p. 964 et seq.

[4]) Todd vol. I p. 572: »And it devolves upon the advisers of the Crown, as those who are peculiary responsible for preserving the puvity of justice inviolate, to be foremost in vindicating the independence of the judges by whomsoever it may be assailed, and in guarding against the intrusion of party influences in any proceedings of Parliament in matters affecting the Law«.

[5]) Todd vol. I p. 572 et seq.

das wir bis jetzt gegeben haben, ist unvollständig, solange wir nur die rechtliche Möglichkeit ins Auge gefaßt haben. Es findet seine Ergänzung in der praktischen Durchführung eben jener Möglichkeit. Ehe wir indessen auf die hier einschlagenden Sätze des Parlamentsgebrauches eingehen, mag noch betont werden, daß es üblich ist, die sämtlichen Fragen, die im Hinblick auf der Justizaufsicht entstehen, nicht als Parteisachen, sondern als neutrale Angelegenheiten zu behandeln. Es soll auch der Anschein vermieden werden, als ob Parteieinflüsse auf die Ausübung der Rechtspflege irgend welchen Einfluß haben könnten [1]). Ob allerdings hier nicht manchmal bloß der Schein der Neutralität vorhanden, die Parteiinteressen und Parteibeziehungen unausgesprochen trotzdem wirksam sind, mag dahingestellt bleiben [2]). Läßt sich doch ein wirklich hinreichender Beweis weder für die eine noch die andere Auffassung aus den Parlamentsverhandlungen selbst entnehmen.

2. Dies vorausgeschickt mag nun auf folgendes hingewiesen werden:

a) Der erste grundlegende Satz, den wir aufzustellen haben, und der in der Tat immer wieder mit Bestimmtheit ausgesprochen wird, ist der, daß Sachen, die gerichtshängig sind, oder von denen es sicher ist, daß sie gerichtshängig gemacht werden, nicht zum Gegenstand der Verhandlungen im Parlament gemacht werden dürfen. Alles, was sub judice ist, darf pendente lite nicht im Parlament verhandelt werden [3]). Der Gedanke, der uns bei der Lehre von Contempt of Court

---

[1]) Todd vol. I p. 572. 3 H. D. vol. 215 p. 1297.

[2]) Die Verteidigung des Justice Grantham erfolgte durch die konservative Opposition. 4 H. D. vol. 160 p. 402 et seq.

[3]) E. May p. 323: »Matters awaiting the adjudication of a court of law should not be brought forward in debate. This rule was observed by Sir Robert Peel and Lord John Rusell, both by the wording of the speech from the throne and by their procedure in the house, regarding Mr. O' Connel's case, and has maintained by rulings from the chair«. Todd vol. I p. 573: »It is also highly irregular to bring into discussion, in either House of Parliament, any matters, whether they relate to civil or criminal cases, which are undergoing judicial investigation, or are about to be submitted to courts of law; as it leads to the imputation of a desire to interfere with the ordinary course of justice«. Emden, Principles of British Constitutional Law p. 165. So heißt es in der Thronrede vom 1. 2. 1844: »I forbear from observation on events in Ireland in respect to which proceedings are pending before the proper legal Tribunal«, ein Gedanke, der dann in der Diskussion von Lord Russell und Sir R. Peel noch besonders hervorgehoben wird. Vgl. 3 H. D. vol. 72 p. 5, 89, 91 et seq.; vol. 164 p. 566; vol. 165 p. 134; vol. 170 p. 709; vol. 173 p. 965; vol. 176 p. 341; vol. 181 p. 449; vol. 208 p. 433. 4 H. D. vol. 14 p. 1138, 1151; vol. 38 p. 363. 5 H. D. (House of Commons) vol. 139 p. 2144. Vgl. ferner die Zitate bei Todd p. 573.

entgegengetreten ist [1]), daß alles vermieden werden muß, was geeignet ist, von außerhalb her die Ansichten des Richters zu beeinflussen und so »to interfere with the due course of justice«, ist auch hier maßgebend [2]). Und es ist dabei gleichgültig, ob die Angelegenheiten, um die es sich handelt, zivil- oder strafrechtlicher Natur sind, gleichgültig aber auch, ob es sich um Angelegenheiten der Justizverwaltung oder um andere Angelegenheiten handelt.

Der Satz, daß gerichtshängige Sachen nicht zum Gegenstand der Verhandlungen gemacht werden dürfen, ist nun nicht etwa so zu verstehen, daß ein schwebendes Verfahren überhaupt nicht erwähnt werden darf. Das kann vielmehr geschehen. So ist z. B., während der Jameson Raid bereits im Stadium des Strafverfahrens war, im House of Lords über die Form, in der sich das Verfahren abspielen sollte, verhandelt [3]). So ist, um ein Beispiel aus der allerletzten Zeit zu geben, in dem bekannten Oackfall, während die Sache bereits bei dem Kriegsgericht anhängig war, die Regierung befragt worden, ob auch die Öffentlichkeit im Verfahren gewahrt werde, und die Regierung hat bestimmte Zusagen gegeben [4]). Andere Beispiele lassen

---

[1]) Vgl. weiter oben S. 59 f.

[2]) So heißt es anläßlich des Alexandra-Falles 3 H. D. vol. 170 p. 709: »The vessel was now in custody of the law; proceedings were pending; and nothing could be more inopportune, or could tend mere completely to subvent the ends of justice, than for that House, at such a moment, to furnish the person accused with the data and the materials upon which the accusation in the part of the Government proceeded«. Vgl. auch die höchst interessanten Verhandlungen 3 H. D. vol. 173 p. 955 et seq., auf die wir noch zurückkommen werden. Hier heißt es ausdrücklich p. 965, daß ein Eingehen auf die Frage »would be directly to interfere with the administration of justice in this case«.

[3]) 4 H. D. vol. 42 p. 516—559. Der Lord Chancellor lehnt hier das Eingehen auf die Frage des Lord Herschel ab, weil eine zur ausschließlichen Zuständigkeit des Attorney General gehörige Frage aufgerollt sei, für die das Parlament nicht zuständig sei.

[4]) Vgl. hierzu den Bericht zunächst über die Sitzung des House of Commons vom 19. 3. 28. Hier antwortet die Regierung auf die Anfrage, ob sie nicht bereit sei, Mitteilungen über den Inhalt der Anklage in den Disziplinarsachen zu geben: »I do not think I can without prejudiice the proceedings of the court-martial. All that will have to be fought out at the court-martial, and I am sure the House will agree, our chief desire is that justice should be done and fair play to those three officers«. (Daily Telegraph 20. 3. 1928). Hier wird also das Prinzip aufrecht erhalten. Am 22. 3. 1928 wird indessen die Regierung erneut gefragt nach dem Gegenstand der Anklage und danach, ob die Öffentlichkeit des Verfahrens garantiert werde. Hier ruft bezüglich der ersten Anfrage der Speaker zur Ordnung und sagt unzweideutig, die Sache könne nicht verhandelt werden, da sie sub judice sei. »The Speaker said that it was the custom of the House to avoid trenching upon matters which were sub judice. He would trust members

sich ohne weitere Schwierigkeiten finden [1]). Kurz: die Regel verhindert ein Eingehen auf die Materie, nicht aber ohne weiteres ein Behandeln der Form und der Mittel des anhängigen Verfahrens [2]) [3]). Daß damit die Grenze gegenüber dem, was verhandelt werden darf, und was nicht verhandelt werden darf, eine nicht ganz feste ist, ja, daß ihre Bestimmung Schwierigkeiten machen kann, liegt auf der Hand. Und es lassen sich sogar, man muß allerdings sagen, auffallenderweise, Entscheidungen des Speaker feststellen, in welchen die Regel selbst als solche in Abrede gestellt wird [4]), Entscheidungen, die allerdings zumeist nicht ohne lebhaften Widerspruch geblieben sind [5]). Allein diese Ausnahmen können an der doch immerhin festgewurzelten Praxis des Parlaments nichts ändern, und man kann trotzdem den Satz auf-

to do what was right« (Times vom 23. 3. 1928). Nichtsdestoweniger bejaht die Regierung die zweite Frage. In einem früheren Fall wird die Frage der Untersuchungshaft in einem schwebenden Verfahren besprochen. 3 H. D. vol. 181 p. 449.

[1]) Vgl. Mirror of Parliament 1830 vol. II p. 527. Ferner 3 H. D. vol. 181 p. 449.

[2]) 3 H. D. vol. 213 p. 846 et seq. Hier führt ein Mitglied des Hauses in bezug auf den bereits schwebenden Tichborne case aus: »He pledged himself in the most solemn manner that there was not a shadow of doubt in his mind ... that this man ... was the Sir Roger Tichborne whom he professed to be.«

[3]) Selbstverständlich greift übrigens auch die Regierung, wenn ihr die Antwort auf eine Anfrage unbequem ist, gern zu dem Hinweis auf Gerichtshängigkeit als Aushilfe, um der Antwort zu entgehen.

[4]) Das auffallendste Beispiel dieser Art findet sich 3 H. D. vol. 335 p. 1254, 1255. Die Lage ist die, daß ein Prozeß in erster Instanz erledigt ist, in zweiter Instanz aber vor dem Court of Appeal schwebt. Die Sache wird zur Sprache gebracht, wogegen Einspruch erhoben wird mit dem Hinweis auf die Gerichtshängigkeit. Der Speaker entscheidet: »I am not aware that there has been any definite and distinct expression of opinion on the part of the House that pending trials should not be alluded to. Nor I am aware of any distinct and definite ruling from the chair, though I am aware of frequent expressions of opinion both from Ministers in this House and other Members with regard to the impropriety of alluding to pending trials in such a way as to prejudice a fair trial of the case.« Sehr vorsichtig drückt sich auch Mr. Speaker 5 H. D. (House of Commons) vol. 139 p. 2268 aus, während p. 2144 ebendort das Prinzip klar ausgesprochen wird. Todd vol. I 573, 574 scheint übrigens Ausnahmen aus »grounds of public policy« vom Prinzip zulassen zu wollen.

[5]) Gerade die Entscheidung, die in der vorstehenden Anmerkung erwähnt ist, ist von der Regierung lebhaft abgelehnt. Der First Lord of the Treasury apostrophiert Mr. Speaker p. 1256 folgendermaßen: »I venture to say, following the remarks that have fallen from you, Sir, that such a course has never been taken and is not in accordance with the House. I think that the practice is one that may have serious consequences and that it is contrary to the course which has been followed by the House.« Man kann diesen Ausführungen nur unbedingt zustimmen.

stellen, den übrigens, auch die größte anerkannteste Autorität auf dem Gebiet des Parlamentsrechtes, E. May, vertritt [1]), daß es nicht statthaft ist, eine Sache, die sub judice ist, inhaltlich zum Gegenstand der Verhandlungen zu machen [2]).

Dieser Satz ist von größter Tragweite, namentlich in Hinblick auf den Ausgangspunkt unserer Arbeit [3]). Er gilt für alle Arten der Verhandlungen und damit für alle dem Parlament zur Verfügung stehenden Möglichkeiten. Da unter diesen Möglichkeiten die parlamentarischen Untersuchungen, wie wir noch sehen werden [4]), eine besondere Bedeutung haben, so müssen wir als Konsequenz des Grundgedankens feststellen, daß parlamentarische Untersuchungen über Tatbestände, die bereits Gegenstand einer gerichtlichen Untersuchung sind, ausgeschlossen sind, und es gilt dies selbstverständlich so, daß die Untersuchung schlechthin ausgeschlossen ist und auch seitens des Parlaments mit der doch etwas stark dialektischen Wendung nicht ermöglicht werden kann, die parlamentarische Untersuchung erstrebe Aufklärung eines Tatbestandes hinsichtlich seiner Bedeutung für das öffentliche Leben, die gerichtliche Untersuchung hinsichtlich seiner strafrechtlichen bzw. zivilrechtlichen Bedeutung [5]). So ist z. B. die große parlamentarische Untersuchung über den Jameson Raid erst nach Beendigung des Strafverfahrens gegen Jameson und Genossen eingeleitet [6]). Und so viele Berichte von parlamentarischen Untersuchungen ich durch viele Jahrzehnte parlamentarischer Arbeiten hin durchgesehen habe, ich habe nicht ein Beispiel für ein gleichzeitiges Arbeiten von Parlamentsausschüssen und Gerichten feststellen können [7]), wie mir denn auch

[1]) E. May p. 323.

[2]) Vgl. die gegensätzlichen Verhältnisse in Deutschland weiter oben S. 21.

[3]) Vgl. weiter oben S. 15.

[4]) Vgl. weiter unten S. 94 ff.

[5]) Vgl. Alsberg, Verhandlungen des 34. Deutschen Juristentages Bd. 1 S. 348 ff. Ein Schulbeispiel hierfür ist die Behandlung der Beschlagnahmefälle der Schiffe El Tousson und El Monassia während des Unabhängigkeitskrieges. Es wird die Vorlage der gesamten Akten verlangt, was die Regierung mit dem Hinweis auf sub judice ablehnt. In den Ausführungen des Regierungsvertreters wird mit aller Deutlichkeit die Ansicht vertreten, daß man eine Sache nicht hinsichtlich ihrer politischen und prozessualen Bedeutung auseinanderreißen könne. Der Antrag wird denn auch, wenngleich mit geringer Majorität, abgelehnt. Vgl. 3 H. D. vol. 173 p. 955—1021.

[6]) Vgl. 4 H. D. vol. 152 p. 801 et seq. Der Jameson Raid fand um die Wende 1895/1896 statt, das Strafverfahren gegen Jameson und Genossen 1896, der parlamentarische Untersuchungsausschuß wurde erst am 29. 1. 1897 eingesetzt.

[7]) Eine Ausnahme bildete eine Untersuchung, die nicht seitens des Parla-

von den hervorragendsten Praktikern des Landes [1]) der Satz in seiner Richtigkeit bestätigt ist, daß derartige Untersuchungen über Gegenstände sub judice tatsächlich ausgeschlossen sind.

Um nun aber die Beschränkungen der Verhandlungsmöglichkeiten im Parlament genau übersehen zu können, ist es notwendig, den Begriff »sub judice« inhaltlich festzulegen. Er läßt sich zunächst einmal negativ und ferner auch positiv in gewisser Richtung hin bestimmen. Positiv ist sub judice all das, was bereits gerichtshängig gemacht ist [2]). Negativ gilt, daß all das, was noch nicht zum Gegenstand eines Verfahrens gemacht ist, von dem es also noch keineswegs feststeht, ob es überhaupt zu einem Verfahren kommen wird, nicht als sub judice angesehen wird. Andererseits wird wiederum eine Sache dann als sub judice angesehen, wenn es bereits feststeht, daß es zu einem gerichtlichen Verfahren kommen wird [3]), wenn also z. B. der Attorney General seinerseits die Offizialverfolgung eingeleitet hat, oder wenn der

ments, sondern seitens der Regierung zur Aufklärung der Gründe eines Unglücksfalles angeordnet war. Hier handelt der Commissioner gemeinsam mit dem Coroner, der als Richter gleichfalls die Gründe der vorgekommenen Todesfälle zu untersuchen hatte. Der Fall kann indessen als irrelevant ausscheiden. Vgl. aber immerhin Commons Papers 1923 vol. XII, 2 p. 2 und Gerland S. 270 ff. Dann ist noch ein weiterer Fall einer Regierungsuntersuchung zu erwähnen. Beamte des Foreign Office hatten in Franken spekuliert, was in dem Zivilprozeß, der seitens einer Bank gegen eine an dem Geschäft im weitesten Sinn mitbeteiligte Dame angestrengt war, der Öffentlichkeit durch Zeugenaussagen bekannt wurde. Es wurde ein Untersuchungsausschuß durch den Prime Minister eingesetzt, der den Fall untersuchte, obwohl in dem Gerichtsverfahren ein Rechtsmittel schwebte. Immerhin richtete sich das Gerichtsverfahren gegen eine andere Person als die Untersuchung. Trotzdem aber hat der Untersuchungsausschuß ausdrücklich erklärt: »We understand that there is to be an appeal from the judgment in Ironmonger and Company v. Dyne, and though the proceedings in that case were exclusively confined to those actions by the defendant, in which no Civil Servant had any share or part, we think it right to olstain from expressing any opinion in issues possibly similar to those which may be raised on the appeal.« Es ist in dem Untersuchungsausschuß benutzt »a complete transcript of the shorthand notes of the evidence given before Mr. Justice Horridge«. Vgl. Report of the Board of Enquiry appointed by the Prime Minister to investigate certain Statements affecting Civil Servants 1928 p. 2, 5.

1) Ich verdanke derartige Hinweise dem derzeitigen Clerk of the House of Commons und dem Permanent Secretary to the Lord Chancellor.

2) Es darf darauf hingewiesen werden, daß das Parlament auch dann keine Diskussion usw. über einen Tatbestand zuläßt, der zum Gegenstand einer, sei es gouvernementalen, sei es parlamentarischen Untersuchung gemacht ist. Vgl. z. B. 5 H. D. (House of Commons) vol. 139 p. 2268.

3) Todd vol. I p. 573 unterscheidet Sachen, »which are undergoing judicial investigation« und solche, »which are about to be submitted to courts of law«. Vgl. etwa den Fall 3 H. D. vol. 165 p. 134, 135.

Director of the Public Prosecutions [1]) schon mit der Sache befaßt ist. Daß auch hier die Grenzen fließende sind, liegt auf der Hand [2]).

Daraus ergibt sich: Die bloße Möglichkeit, daß eine Angelegenheit eventuell zur gerichtlichen Verhandlung gebracht werden kann, sei es in straf- oder zivilrechtlicher Hinsicht, schließt mithin niemals die parlamentarische Behandlungsmöglichkeit aus. Ja, gerade hier wird das Parlament unter Umständen sehr lebhaft tätig. Und die Möglichkeit, auf die wir im einzelnen noch später zu sprechen kommen werden, für alle die Staatsinteressen berührenden Angelegenheiten Untersuchungsausschüsse einsetzen zu können, wird keineswegs allzu selten dazu benutzt, um festzustellen, ob eine Strafverfolgung eingeleitet werden muß oder nicht. Auch hier bildet der Untersuchungsausschuß betreffend den Jameson Raid ein lehrreiches Beispiel, war er doch geradezu eingesetzt, um festzustellen, wieweit Cecil Rhodes, gegen den bekanntlich ein Strafverfahren zunächst nicht eingeleitet war, in die Angelegenheit verwickelt war [3]). Andere Beispiele lassen sich mit Leichtigkeit finden [4]).

b) Die zweite Frage, die in diesem Zusammenhang entsteht,

---

[1]) Vgl. Gerland S. 863 ff.

[2]) Sehr weit geht die Praxis allerdings in Wahlprüfungssachen, die bekanntlich von Election Courts erledigt werden. Hier wird eine Verhandlung über Wahlmißbräuche innerhalb der Anfechtungsfrist nicht zugelassen, gleichgültig, ob eine Petition eingereicht ist oder nicht. Es genügt also die bloße Möglichkeit eines gerichtlichen Verfahrens, um parlamentarische Behandlung auszuschließen. Vgl. 4 H. D. vol. 64 p. 867. Vgl. 31 and 32 Vict. c. 125; dazu Halsbury vol. XII p. 408 et seq.; E. May p. 642 et seq. Sehr weit geht auch Gladstone, der hinsichtlich der Möglichkeit etwaiger Strafverfolgungen, die sich aus Unruhen ergeben können, die Besprechung ablehnt mit den Worten: »I maintain that it is not the duty or practice of this House to assume to become what may be termed a tribunal of first instance with regard to such matters as that now under discussion. The matter should be left, in the first place, to Executive . . . and then to the tribunals of the country . . .« 3 H. D. vol. 208 p. 1786. Noch weitergehend lehnt einmal der Lord Chancellor die Besprechung eines Zivilfalles ab, »because I know not in its civil aspect it may not possibly come before me in another place«. 3 H. D. vol. 171 p. 1294 et seq. In allen diesen Fällen wird die bloße Möglichkeit gerichtlicher Entscheidungen als hinreichend angesehen, die Verhandlungen im Parlament auszuschließen. Es sind dies aber doch nur Ausnahmefälle. Ähnlich auch noch der Fall 3 H. D. 316 p. 1796 et seq.

[3]) Vgl. den zweiten Report, Commons Papers 1897 vol. IX p. 5 et seq. Der Bericht enthält in seinen Schlußfolgerungen im wesentlichen ein Urteil über Rhodes.

[4]) Es mag hier noch auf den sogenannten Marconiausschuß hingewiesen werden, der eingesetzt war, um das Verhalten von Regierungsmitgliedern hinsichtlich gewisser Finanzgeschäfte nachzuprüfen. Vgl. Commons Papers 1913 vol. VII p. 95 et seq. Dazu auch 5 H. D. (House of Commons) vol. 177 p. 640.

ist die, inwieweit sich das Parlament mit bereits gerichtlich erledigten Angelegenheiten befassen kann, inwieweit es also auch Feststellungen, die in einem gerichtlichen Verfahren getroffen sind, zum Gegenstand einer Verhandlung und namentlich einer Nachprüfung machen kann. Ein Satz, daß das Parlament dazu nicht in der Lage sei, daß es also an die tatsächlichen Feststellungen des Gerichts bei seiner späteren Beurteilung der Lage gebunden sei, so daß es nicht zu einer von der gerichtlichen Feststellung abweichenden Auffassung kommen dürfe, existiert nicht. Wohl aber ist zu beachten, daß immer wieder in den Verhandlungen betont wird, das Parlament habe niemals die Aufgabe eines Court of Appeal und dürfe sich auch in diese Rolle niemals hineindrängen [1]). Aber immerhin wird eine feststehende Regel nicht aufgestellt, und es ist 1830 kein geringerer als der Lord Chancellor gewesen, der die Frage nach der Möglichkeit der Nachprüfung aufwarf, aber schließlich doch wenn auch nur für Ausnahmefälle bejaht hat [2]). Jedenfalls wird man aber unbedingt sagen können, daß die einschlägige Praxis eine äußerst zurückhaltende ist. Zwar können auch die Beweisprotokolle der Gerichte, ja selbst die richterlichen Notizen, die im Prozeß gemacht sind, dem Parlament vorgelegt werden [3]), allein es geschieht dies doch nur in besonders ernsten Fällen, und man kann die Vorlage nur als

---

[1]) So sagt Lord Palmerston 3 H. D. vol. 140 p. 1561: »But nothing could be more injurious to the administration of justice than that the House of Commons take upon itself the duties of a court of review of the proceedings of an ordinary court of law because it must be plain to the commonest understanding that they were totally incompetent to the discharge of such functions.« Vgl. ferner 3 H. D. vol. 158 p. 1752; vol. 186 p. 1867; vol. 187 p. 364; vol. 159 p. 145, 201; vol. 234 p. 584; vol. 226 p. 561; 4 H. D. vol. 160 p. 392 et seq. Vgl. ferner Todd vol. I p. 574, 576.

[2]) Mirror of Parliament 1831 vol. III p. 2344: »As a precedent, it becomes a serious question, whether we ought, under any circumstances, to appoint a Committee to inquire into a transaction which had already been suspected to a judicial inquiry. In any opinion, we ought not unless it be in cases of the most extraordinary nature.« Ähnlich auch Disraeli 3 H. D. vol. 223 p. 967, 1819.

[3]) Vgl. hierzu 5 H. D. vol. 171 p. 808; vol. 186 p. 1877. Bezüglich der sogenannten Judges' notes wird, da es sich um reine Privatnotizen des Richters handelt, auch verlangt, daß der Richter seine Zustimmung geben muß. Todd vol. I p. 578. Man kann hier übrigens beinahe zweifeln, ob nicht die parlamentarische Praxis dahingeht, die Vorlage der notes nicht zuzulassen. Vgl. z. B. 3 H. D. vol. 206 p. 1980; Mirror of Parliament 1830 vol. II p. 1666 et seq. Vgl. indessen auch Mirror of Parliament 1834 vol. II p. 1243, 1244, wo es ausdrücklich heißt, daß die Judge's notes nicht vorgelegt werden sollen, »unless in an extreme case«.

Ausnahmefall, nicht aber als Regelfall bezeichnen [1][2][3]). Immerhin liegen wichtige Präzedenzfälle vor. Ich erwähne den Fall Barker. Ein Mann war verurteilt, später stellte sich indessen seine Unschuld heraus. Das Parlament, an das Barker petitioniert hatte, setzte einen Untersuchungsausschuß ein, der nach genauer Nachprüfung des Falles der Regierung empfahl, den Mann zu entschädigen, da sich seine Unschuld herausgestellt habe [4]).

III. 1. Wenden wir uns der Frage zu, welche Mittel dem Parlament in der Ausübung der Justizaufsicht zustehen, so mag zunächst noch einmal auf die dreifache Tätigkeit hingewiesen werden, die das Parlament in dieser Hinsicht zu entfalten fähig ist: es kann tätig werden einmal als Disziplinarorgan des Staates den Richtern gegenüber, ferner als Kontrollorgan den Verwaltungsbehörden gegenüber, endlich als Untersuchungsorgan des Staates in Angelegenheiten, die das öffentliche Leben berühren. Zur Ausübung dieser, wie wir gesehen haben, sehr inhaltsreichen und inhaltlich doch wiederum auch sehr verschiedenen Aufgaben stehen dem Parlament alle Möglichkeiten zur Verfügung, die es auch sonst besitzt, aber selbstverständlich auch nur diese.

2. Da nun hier nicht daran gedacht werden kann, das Parlamentsverfahren als solches zu schildern [5]), so mag nur kurz die Reihe der Möglichkeiten genannt werden, die gegeben sind.

a) In Betracht kommt zunächst die allgemeine Debatte, sei es anläßlich einer Gesetzesvorlage (Etatberatung, Spezialgesetz usw.), sei es anläßlich der Adreßdebatte, die sich an die Thronrede anschließt.

b) In Betracht kommen ferner die Anfragen, die Anregungen geben oder Aufklärungen herbeiführen wollen; sie führen indessen nur zu einer Antwort der Regierung, nicht zu einer Debatte, da eine eigentliche Interpellationsmöglichkeit dem englischen Parlamentsrecht fremd ist [6]).

c) Des weiteren stehen zur Verfügung die Sachanträge, die selbständig gestellt werden können; so kann z. B. ein Sachantrag auf Vorlage von Akten oder ein Antrag auf Bildung eines Komitees des

---

1) Vgl. z. B. den 2nd Report betreffend den Jameson Raid Common Papers vol. IX, 1 p. 8.

2) Bezüglich der Beweiserhebung sagt Todd vol. I p. 374: »Further more, it is not customary to communicate the evidence adduced in trial before the ordinary legal tribunals, unless some special reasons should justify the calling in question of any portion of their proceedings.«

3) Auch hier hat das Parlament, wenn die Regierung die Vorlage verweigert, nur die Möglichkeit des Mißtrauensvotums.

4) Vgl. Beispiele bei Todd vol. I p. 586 et seq. Insoweit mithin zutreffend Alsberg, 34. Deutscher Juristentag Bd. I S. 363.

5) Die beiden klassischen Werke, auf die verwiesen werden muß, sind die von E. May und von Redlich.

6) Vgl. Redlich S. 513 f.

ganzen Hauses zur Beratung einer bestimmten Angelegenheit gestellt werden [1]). Da hier Debatte zugelassen ist, bildet diese Möglichkeit einen gewissen Ersatz für die fehlende Interpellationsmöglichkeit, wie nicht übersehen werden darf [2]).

d) Endlich kommen in Betracht Petitionen, Adressen an die Krone und schließlich Vornahme von Untersuchungen in Ausschüssen.

3. Wie diese Möglichkeiten durchgeführt werden, kann, wie gesagt, hier mit Ausnahme einzelner Punkte, auf die wir zurückkommen werden [3]), nicht dargestellt werden, da wir das Parlamentsverfahren nicht darzustellen beabsichtigen. Nur auf eines sei hingewiesen: Kommt es in Fragen der Justizaufsicht zu einer Divergenz zwischen Parlament und Regierung, so gibt es nur die Alternative: Entweder das Parlament oder die Regierung geben nach, oder die Regierung wird gestürzt.

b. Das Parlament als Disziplinar- und Untersuchungsorgan.

§ 4. α. Das parlamentarische Disziplinarverfahren gegen Richter.

I. 1. a) Die Frage, wieweit das englische Parlament disziplinäre Machtbefugnisse über die Richter des Landes hat, haben wir bereits in einem früheren Abschnitt beantwortet [4]). Wir haben damals gesehen, daß die Möglichkeit besteht, die Amtsenthebung eines Richters wegen misbehaviour herbeizuführen. Wir haben auch den Begriff misbehaviour, also die Voraussetzungen der Amtsenthebung, im einzelnen bereits kennengelernt [5]). Auf all das braucht mithin hier nicht mehr eingegangen zu werden. Es muß aber nochmals auf den entscheidend wichtigen Gesichtspunkt hingewiesen werden, daß die Praxis von den ihr gegebenen Möglichkeiten nur in den allerschwersten Fällen Gebrauch macht [6]). Der Tatbestand des misbehaviour wird so eng gefaßt, wie nur irgendwie denkbar, immer von dem Grundprinzip aus, einmal, daß das richterliche Amt als solches solange geschützt werden muß wie möglich, ferner, daß der Richter als Richter die Präsumption richtigen Verhaltens für sich hat [7]).

b) α) Kann so das Parlament die Dienstenthebung eines Richters herbeiführen, so gilt andererseits der Satz, daß es keine anderen Disziplinarbefugnisse hat als diese. Es kann nur eine Adresse auf Dienstenthebung an die Krone richten, hat aber nicht die Möglichkeit,

---

[1]) Redlich S. 486 f.
[2]) E. May p. 270 et seq.
[3]) Vgl. weiter unten § 4 und 5.
[4]) Vgl. weiter oben S. 44 ff.
[5]) Vgl. weiter oben S. 40 ff.
[6]) Vgl. weiter oben S. 40.
[7]) Vgl. auch Todd vol. I p. 574, 575; vol. II p. 860, 861.

geringere Strafen zu verfügen, während der Richter im Amt bleibt. Die Auffassung, die dieser Tatsache zugrunde liegt, ist nicht ohne Interesse. Sie geht von dem Gedanken aus, daß der Richter, in seiner Amtsführung in irgend einer Weise gemaßregelt, nicht mehr die genügende Autorität besitzt, die sein hohes Amt erfordert [1]). Entweder Richter oder nicht, das ist die einzige Alternative, die das parlamentarische Disziplinarverfahren kennt [2]), und jedes im Parlament gegen einen Richter anhängig gemachte Verfahren kennt nur einen Endzweck [3]): die Adresse, und das will besagen, die Dienstenthebung.

β. Allein so theoretisch richtig, so oft auch in den parlamentarischen Verhandlungen hervorgehoben diese Grundsätze sind, so gelten sie doch in der Praxis nur cum grano salis. Die Praxis (daran kann gar kein Zweifel bestehen) benutzt die Möglichkeit, eine Adreßdebatte, eine Untersuchung gegen einen Richter zu beantragen auch dann, wenn sie nicht darauf ausgeht, die Absetzung des Richters herbeizuführen, sondern wenn es ihr darauf ankommt, sein Ver-

---

[1]) Vgl. z. B. Gladstones Ausführungen 3 H. D. vol. 209 p. 757: »Are you prepared, to say that you will venture upon breaking down that fence which by your own wisdom — it is not by any external power — prevents you from intermeddling with the character of Judges by means of Votes which I may say, dare not aim at their removal, but which, at the same time, have a certain tendency to lower their character and to impair their credit and authority?«

[2]) Es wird das oft auch in den parlamentarischen Verhandlungen betont. So z. B. 3 H. D. vol. 183 p. 778. Auch Gladstone spricht das aus, wie er ja überhaupt die Berechtigung eines Verweisverfahrens, wie es im Text geschildert werden wird, ablehnt. Vgl. 3 H. D. vol. 209 p. 757. Vgl. ferner die Ausführungen des Attorney General 4 H. D. vol. 160 p. 392 et seq.: »We cannot adopt what Mr. Gladstone once called the infliction of the minor penalty of censure.« Das ist insoweit natürlich zutreffend, als das Parlament selbst beschlußmäßig niemals einen Tadel, eine Mißbilligung aussprechen kann. Daß aber die Verhandlung selbst die Rüge darstellt und darstellen soll, kann, wie im Text noch auszuführen sein wird, nicht bezweifelt werden. Und so sagt denn in derselben Verhandlung der Prime Minister: »Have we not given him« (i. e. the Judge) »such a lesson that he is not likely to repeat these ill considered actions?« Beachtenswert ist bei all diesen Verhandlungen, daß es sich keineswegs um eine mehr oder weniger zügellose Kritik, sondern stets um eine ganz planmäßige Aktion handelt.

[3]) Sehr richtig sagt daher der Prime Minister in dem in der vorstehenden Anmerkung erwähnten Fall über den Antrag »that this House do resolve itself in a Comittee of the Whole House to consider the Report of the proceedings on the trial of the Election petition for Yarmouth, and the complaints that have been made of the partisan and political character of the conduct during the trial of that petition of Mr. Justice Grantham«: But if this Motion is carried, undoubtedly it means capital punishment. That is the plain English of it —«. Vgl. 4 H. D. vol. 160 p. 369, 410.

halten in aller Öffentlichkeit, ich will nicht sagen, zu brandmarken, aber doch zu tadeln und als unrichtig hinzustellen. Es wird zu diesem Zweck eine substantive motion gestellt, und es kommt dann auf Grund derselben zu einer Verhandlung, in der die Mehrheit des Hauses, oft aber auch in Übereinstimmung mit der Majorität die Minorität (man behandelt ja offiziell derartige Fragen nicht als Parteifragen[1])) und die Regierung ihre Meinung in offenster Weise über das Verhalten des Richters aussprechen können. Ist das geschehen, so wird der Antrag zurückgenommen[2]), oft mit der ausdrücklichen Erklärung, die Antragsteller hätten erreicht, was sie gewollt hätten[3]). So hat dieses in der Praxis keineswegs seltene Verfahren eine ganz bestimmte Bedeutung. Dem Richter wird von seiten des Parlaments eine Art Verwarnung, ja eine Art Verweis erteilt[4]), und die Öffentlichkeit

[1]) Vgl. weiter oben S. 71.

[2]) Daß dies nur mit Genehmigung des Hauses geschehen kann, kann insofern von Bedeutung werden, als das Haus, um die Richtigkeit des richterlichen Verhaltens besonders zu betonen, die Genehmigung versagen und auf diese Weise eine Abstimmung erzwingen kann. Vgl. Redlich S. 489 f.

[3]) Vgl. 4 H. D. vol. 160 p. 414. Der Antragsteller bittet um Erlaubnis zur Zurückziehung des Antrages gegen Mr. Justice Grantham mit den Worten: »Having regard to the universal condemnation of Mr. Justice Grantham's conduct it would be scarcely appropriate to carry the matter further. They had secured a moral and substantial triumph, and he asked leave to withdraw his Motion.« Ähnlich liegen die Dinge in der Beschwerde gegen Mr. Justice Mc Cardi, der in einem Summing-up an die Geschworenen Fragen der indischen Politik berührt hatte. Hier führt der Prime Minister aus: »I have come to the conclusion that a discussion on this subject could only add to the harm that has been done in India by the words complained of. However unfortunate the words have been, they clearly do not constitute the kind of fault amounting to a moral delinquency which constitutionally justifies an Address as proposed. It ought in fairness to be borne in mind that the objectionable passage occurred, not in a considered written judgment, but in an oral charge to a jury delivered at the conclusion of a long toned and somewhat heated trial, and the very form in which it was couched shows that the learned Judge was not informed as to what took place. . . . His Majesty's Government will always uphold the right of the judiciary to pass judgment, even on the executive, if it thinks fit, but that being the right of the judiciary, it is all the more necessary that it should guard itself against pronouncements upon issues involving grave political consequences, which are not themselves being tried.« Auf eine Anfrage, ob er nicht seinen Antrag zurückziehen wolle, erklärt der Antragsteller, er tue das selbstverständlich: »I am perfectly satisfied with the statement made by the Prime-Minister.« Vgl. 5 H. D. House of Commons vol. 175 p. 6 et seq.

[4]) Vgl. die nach dieser Richtung charakteristischen Ausführungen Sir Robert Peel's 3 H. D. vol. 67 p. 1006 et seq. Bemerkenswert ist nach dieser Richtung auch der Fall des Richters O'Grady. Er war 1821 angeklagt, zu Unrecht Gebühren erhoben zu haben. Nach langen Verhandlungen beschließt

weiß ganz genau, was sie über das Ergebnis einer derartigen Verhandlung zu denken hat [1]). Selbstverständlich kann das Ergebnis eines derartigen Verfahrens auch die völlige Rechtfertigung des Richters sein, dessen natürlicher Verteidiger, solange eine Verteidigung überhaupt denkbar ist, in der Debatte im allgemeinen die Regierung ist. Daß eine Rehabilitierung unzweideutig zum Ausdruck gebracht wird, ist selbstverständlich, so daß ein weiteres dazu nicht bemerkt zu werden braucht.

Dieses ganze Verweisverfahren ist inoffizieller Natur, steht unter dem Schein, die Einleitung eines Adreßverfahrens zu sein, ja, ist der Beginn eines Adreßverfahrens, das aber allerdings eingeleitet wird von vornherein nur in der Absicht, es nicht weiter kommen zu lassen als zu einer allgemeinen Debatte über das Benehmen des Richters. Es kommt mithin nur in Betracht in Fällen, in denen der Tatbestand von vornherein unstrittig ist. Selbstverständlich kann aber auch ein ernsthaft gemeinter Antrag auf Adreßverfahren zurückgenommen oder abgelehnt werden, wenn der Antragsteller oder die Mehrheit des Hauses finden, daß die öffentliche Bloßstellung des Richters hinreicht, um seinem Verhalten die entsprechende Antwort zu geben. Daß aber das englische Parlament von dieser Möglichkeit der Rügeverhandlung, wie ich sie nennen möchte, einen bewußten Gebrauch macht, darüber kann — ich wiederhole — angesichts der Praxis ein Zweifel befugtermaßen nicht bestehen.

2. Wenden wir uns nun dem eigentlichen Adreßverfahren zu, so muß zunächst festgestellt werden, daß es dem Recht nach ein reines

---

das Haus: »(1) that the receipt of fees by judges in the courts of common law and exchequer has been recently abolished by law. (2) that this House, under all the circumstances above stated, does not deem it necessary to adopt any further proceedings in the case of the Chief Baron O'Grady.« Commons Journals vol. 78 p. 467—470.

[1]) So sagte über das Ergebnis der Verhandlungen betreffend das Verhalten des Mr. Justice Grantham die Law Times vol. 121 p. 263: »The speech of the banquet during the trial was impedicious and indiscreet in the strongest sense of the words, and if any one responsible for the charges which have been made it is the learned judge himself. What course he will pursue naturally must rest with him, but there is no doubt that his authority as a judge has been seriously impaired, and should be elected to accept his pension, his honour having been vindicated, the Profession will be of opinion that he has chosen wisely.« Ein Abschiedsgesuch erfolgte indessen nicht in Übereinstimmung mit dem Rat eines alten englischen Bischofs: »never regret, never apologise,never resign.« Anläßlich der Verhandlungen im House of Lords über die politische Rede des Lord Cravson sagen die Law Times vol. 153 p. 239: »It is greatly to be hoped that the necessity for any further reprobation will not arise.« Vgl. dazu 5 H. D. House of Lords) vol. 49 p. 716, 931 et seq.

Konventionalverfahren ist [1]), und daß namentlich die Bestimmungen des gerichtlichen Strafprozeßverfahrens, wie sie hinsichtlich des Verfahrens im allgemeinen, namentlich aber hinsichtlich des Beweisverfahrens im speziellen bestehen, keinerlei bestimmende Bedeutung für das Verfahren im Parlament haben [2]). Das Parlament ist also der Idee nach im Verfahren völlig frei. Allein es ist hier wie auch sonst im englischen Recht. Die Praxis hat aus dieser Freiheit heraus eine Reihe von Regeln gebildet, die heute tatsächlich anerkannt sind [3]), wenngleich nicht zu übersehen ist, daß das Parlament, wenn es will, von ihnen im späteren Fall wieder abweichen kann. Daß es das tun wird, ist bei dem Sinn für traditionelles Handeln in England nicht anzunehmen [4]), um so weniger, als die Praxis in der Tat ein Verfahren aus freien Entscheidungen heraus entwickelt hat, das den praktischen Bedürfnissen durchaus entspricht und namentlich den Anforderungen, die an die Rechtstellung des Angeklagten gestellt werden müssen, gerecht wird, wie wir sofort sehen werden. Wir haben mithin so doch eine feste, geregelte Form des Verfahrens [5]), mit der wir uns im folgenden zu beschäftigen haben.

---

1) Vgl. Todd vol. II p. 862, der sehr mit Recht sagt: »an omission which leads at the outset to considerable difficulty in arranging the course of procedure.«

2) Vgl. hierzu Commons Journal vol. 49 p. 505 et seq. Hier findet sich ein sehr bedeutungsvoller Bericht über das Strafverfahren im Parlament, erstattet anläßlich des Verfahrens gegen Warren Hastings. Hier heißt es p. 505: »Your Committee finds, that the Lords in Matter of Appeal or Impeachment in Parliament, are not of Right obliged to proceed according to the Course of Rules of the Roman Civil Law, or by those of the Law or Usage of any of the inferior Courts in Westminster Hall; but by the Law and Usage of Parliament.« p. 517: Your Committee were . . . resolved . . . to contend, that no Doctrin or Rule of Law, much less the Practice of any Court ought to have Weight or Authority in Parliament, further than such Doctrine, Rule or Practice, is aggreable to the Proceedings in Parliament or hath received the Sanction of approved Precedent there; or is founded on the immovable Principles of substantial Justice, without which . . . no Practice in any Court, high or law, is proper or fit to be maintained.«

3) Vgl. Todd. vol. I p. 872 et seq. Anson vol. I p. 401 et seq. stellt allerdings zum Teil abweichende Sätze auf. Seine recht oberflächlichen Darlegungen müssen aber unbedingt hinter denen Todd's zurücktreten, der jeden Satz mit einer Fülle von Beweismaterial aus der Praxis belegt.

4) Es mögen hier die schönen, für England so überaus bezeichnenden Worte Cardwell's 3 H. D. vol. 164 p. 435 et seq. zitiert werden: »The powers of this House are without limit; but they are limited by our own sense of discretion, and guided by the precedents of former generations.« Takt und Tradition sind in der Tat die Garanten, die das englische Leben regulieren und schützen. Vgl. auch Todd vol. I p. 584.

5) Vgl. die zutreffenden Ausführungen Todds vol. II p. 872: »It is true that the statute is silent with regard to the method of conducting these investigations, but the wisdom of Parliament in applying to this particular class

II. 1a) α) Wenden wir uns somit dem Verfahren selbst zu, so ist als erster, allerdings grundlegender Satz die These aufzustellen, daß die offizielle Initiative zu einer Adreßdebatte vom House of Commons ausgehen muß [1]). Selbstverständlich kann jedes Haus sich auf seine Art mit dem Verhalten eines Richters beschäftigen, und der Fall ist durchaus denkbar, daß eine Verhandlung im House of Lords das House of Commons zum Einschreiten in einem konkreten Fall veranlaßt. Allein das House of Lords kann niemals als erstes eine Adresse auf Entfernung beschließen und sie dem House of Commons zur Zustimmung übersenden. Der Weg ist vielmehr ein umgekehrter, und das mit gutem Recht. Denn einmal ist, historisch betrachtet, das House of Commons im Verhältnis zum House of Lords in allen Anklagesachen (und daß ein Disziplinarverfahren ein solches ist, unterliegt keinem Zweifel [2])) stets der Vertreter der Anklage gewesen [3]). Da ferner jedes Haus bei seiner Entscheidung völlig frei der Entschließung des anderen Hauses gegenübersteht, könnte das House of Commons noch mit impeachment Anklage beim House of Lords erheben, über die letzteres aber tatsächlich kaum entscheiden könnte, wenn es bereits entschieden hätte. So muß denn die gemeinsame Adresse vom House of Commons beim House of Lords beantragt werden [4]).

β) Im Verhältnis zueinander sind aber, wie bereits bemerkt, beide Häuser von einander in ihren Entscheidungen völlig frei. Dies gilt selbstverständlich für die eigentliche Entscheidung, die das House of Commons getroffen hat: sie bindet das House of Lords nicht. Das gilt aber auch für die tatsächlichen Feststellungen, die im House

of questions the constitutional maxims that regulate all judicial enquiries affecting the rights and liberties of the subject, has gradually evolved certain definite rules which are applicable to all cases of this description.«

[1]) Die Frage ist im Fall des Judge Fox vom House of Lords selbst entschieden. Vergl. 2 H. D. vol. 7 p. 226, 506, 516, 752 et seq. und die sehr eingehende Darstellung des Falles bei Todd vol. II p. 862—864.

[2]) So wird in dem Fall des Sir I. Barrington die Anklage im House of Lords vertreten durch den Attorney- und Solicitor General. Todd vol. II p. 869; Lords Journals vol. 62, p. 602, 716, 873, 879, 901.

[3]) Es gilt stets als »the grand inquest of the high court of parliament«. Todd vol. II p. 872; Anson vol. I p. 401; Gerland S. 589, 856 f. und die dort S. 857 Anm. 1 Zitierten. Vgl. auch zum ganzen Hatschek Bd. I S. 539 ff.

[4]) Anson vol. I p. 401 drückt sich angesichts der Praxis des Parlaments zu Unrecht unentschieden aus (»it would appear proper that they should beginn in the Commons«). Es kann mithin das House of Lords die Eröffnung einer Untersuchung nicht erzwingen. Allein mit gutem Recht; denn wenn das House of Commons nicht einmal eröffnen will, wird es noch weniger verurteilen, d. h. die Adresse auf Antrag der Lords beschließen, was es doch tun muß, damit die Angelegenheit zu einem positiven Abschluß gebracht werden kann.

of Commons getroffen sind. So ergibt sich, daß das House of Lords, seine Entscheidung selbständig treffend, berechtigt ist, den Beschluß des House of Commons sowohl in rechtlicher als auch in tatsächlicher Hinsicht überzuprüfen. Und es stehen sich somit die beiden Häuser in einer Art von Instanzverhältnis gegenüber. Die erste Instanz bildet das House of Commons, die zweite Instanz das House of Lords; in ihm kann der Beschuldigte jederzeit neues Material vorbringen und kann Beweiserhebungen auch über Tatsachen beantragen, über die im House of Commons bereits Beweise erhoben sind [1]). Tatsächlich bringt somit das Prinzip der gemeinsamen Adresse mit sich, daß dem Beschuldigten zwei Instanzen zur Verfügung stehen, ein Recht, dessen Bedeutung nicht unterschätzt werden darf.

b) α) Muß der Antrag auf Adresse vom House of Commons ausgehen, so fragt es sich nun, wie dieses selbst mit der Sache befaßt wird. Hier sind eine Reihe von Möglichkeiten denkbar, die sich übrigens auch alle in der Praxis nachweisen lassen. Der einfachste Fall ist, daß die Initiative von einem Mitglied des Hauses, gleichgültig, ob in Übereinstimmung mit der Regierung oder nicht, ausgeht, indem dieses eine substantive motion bezüglich des konkreten Verhaltens eines konkreten Richters stellt [2]), eine motion, bei der es allerdings, wie bei jedem anderen Sachantrag, der Unterstützung eines zweiten Mitgliedes bedarf [3]). Es kann ferner das Haus durch eine Petition von außen in Bewegung gesetzt werden [4]). Allein derartige Petitionen dürfen lediglich die zu beanstandenden Tatsachen enthalten; ergehen sie sich in beschimpfenden Äußerungen des angeschuldigten Richters, so sind sie ohne weiteres zurückzuweisen [5]). Sie müssen ferner substanziiert sein. Allgemeine Anschuldigungen gegen den Richter reichen mithin nicht aus, konkrete Tatbestände müssen angeführt werden [6]). Die Petitionen selbst gelten als erledigt, wenn sie innerhalb einer angemessenen Zeit von einem Mitglied des Hauses nicht vertreten werden [7]) [8]). Es kann übrigens, da das Petitionsrecht ein

[1]) Die Frage ist bedeutungsvoll geworden im Fall von Sir I. Barrington. Das House of Commons hatte die Beweiserhebungen eingeschränkt. Das House of Lords ließ sie uneingeschränkt zu. Vgl. Todd vol. II p. 868, 869.

[2]) Dies geschah z. B. im Fall des Mr. Justice Grantham. 4 H. D. vol. 160 p. 370.

[3]) Redlich S. 484 f.

[4]) Diese Fälle sind häufig. Vgl. Lords Journals vol. 44, p. 558, 619; 3 H. D. vol. 140 p. 1544 et seq.; vol. 182 p. 1629 et seq. Vgl. 224 p. 1743 et seq. u. a. m.

[5]) 2 H. D. vol. 4, p. 918, 1132; vol. 5 p. 456.

[6]) Todd vol. II p. 873.

[7]) Redlich S. 510 ff. 3 H. D. vol. 202 p. 1208, 1306; vol. 123 p. 715, 976.

[8]) Vgl. zum ganzen auch Anson vol. I p. 401.

allgemeines Bürgerrecht ist und inhaltlich keinen Beschränkungen unterworfen ist, die Petition auch von einem Richter ausgehen, der in der Öffentlichkeit angegriffen ist und nun, um sich zu rechtfertigen, ein Verfahren gegen sich selbst beantragt [1]).

Des weiteren kann das House of Commons mit der Angelegenheit dadurch befaßt werden, daß ein Untersuchungsausschuß der Regierung, mag er nun auf Grund einer Regierungsinitiative[2]) oder auf Antrag des Parlaments[3]) tätig geworden sein, dem Haus einen Bericht vorlegt, aus dem sich für das Haus ein Grund zum Einschreiten gegen einen bestimmten Richter ergibt. Ebenso kann der Report eines Select Committee des Hauses diesem selbst Veranlassung zum Einschreiten geben. Aber es ist zu beachten, daß, wenn das Haus das Committee zur Untersuchung des Verhaltens eines Richters in einem bestimmten Fall eingesetzt hat, das Disziplinarverfahren schon mit dem Antrag auf Einsetzung eines Select Committee begonnen hat und daher auf Grund des Berichtes nicht erst eingeleitet wird[4]).

Nicht dagegen kann die Regierung ihrerseits durch Anträge die Eröffnung des Verfahrens herbeiführen. Erachtet sie mithin ein Einschreiten gegen einen Richter für geboten, so kann sie nur durch Mitglieder des Hauses veranlassen, daß die Sache im Parlament zur Sprache gebracht wird. Dies zu tun, wird ihr natürlich immer ein leichtes sein.

β) Die Praxis verlangt nun aber, daß in einer so verantwortungsschweren Angelegenheit, wie einem Disziplinarverfahren gegen einen Richter, nur mit der äußersten Vorsicht vorgegangen wird. Jeder überflüssige Schritt soll vermieden werden der überaus gefährlichen Konsequenzen halber, die aus einer Beunruhigung der öffentlichen Meinung in Hinblick auf die Möglichkeit einer Erschütterung der öffentlichen Überzeugung von der Integrität der Gerichte für die Autorität der Gerichte selbst entstehen können. Aus dieser Erwägung heraus ergeben sich zwei bedeutungsvolle Sätze:

Zunächst gilt, daß eine Untersuchung im Parlament nicht schlechthin auf eine Anzeige hin, eingeleitet werden darf, sondern daß die Sache nur ins Rollen gebracht werden kann durch eine begründete Anzeige. Begründet ist aber eine Anzeige dann, einmal, wenn der behauptete Tatbestand, rechtlich betrachtet, wirklich misbehaviour darstellt, ferner, wenn für die behaupteten Tatsachen ein sogenannter

---

[1]) Der Fall ist gleichfalls vorgekommen. Vgl. Todd. vol. I p. 862.

[2]) Commons Journals vol. 76 p. 432; vol. 78, p. 135.

[3]) Mirror of Parliament 1828 vol. II p. 1577.

[4]) Vgl. z. B. Mirror of Parliament 1834 vol. I p. 304.

prima facie Beweis erbracht ist [1]). Es müssen mithin die vorgebrachten Behauptungen zum mindesten glaubhaft gemacht sein, d. h. es muß soviel Beweis beigebracht sein, daß für den vernünftigen Menschen kein Anlaß besteht, an der Richtigkeit der behaupteten Tatsache zu zweifeln [2]).

Ferner muß oder, besser gesagt, soll der Regierung, ehe die Sache im Parlament vorgebracht wird, Gelegenheit gegeben werden, sich zu informieren und vorläufige den Fall betreffende Erhebungen anzuordnen [3]). Es ist das bei der Wichtigkeit der in Frage stehenden Entscheidungen ja auch ganz selbstverständlich, und wenn man die einschlägigen parlamentarischen Verhandlungen verfolgt, so wird man immer wieder feststellen können, daß eine vorbereitete Regierung vorbereitet Rede und Antwort steht. Dem eigentlichen parlamentarischen Verfahren geht mithin ein Ermittlungsverfahren seitens der Regierung voraus, über dessen Umfang und Form, da beides ganz in das Ermessen der Regierung gestellt ist, nichts weiter gesagt werden kann. Wie sich nun aber das Ministerium sachlich zu der Beschuldigung einstellt, hängt natürlich im wesentlichen davon ab, was es selber festgestellt hat. Die Regierung kann mithin selbst die Anklage in die Hand nehmen, wie sie das auch in dem einzigen Verfahren des 19. Jahrh. getan hat, das zu einer Absetzung des angeklagten Richters geführt hat [4]). Sie kann sich aber auch dem Antrag auf Adresse entgegensetzen. Und übersieht man die zur Sprache gebrachten Fälle der letzten Jahrzehnte, so muß man als Tendenz der Regierung feststellen, für den Richter einzutreten oder richtiger gesagt, sich dem Adreßantrag zu widersetzen. Aber man übersehe dabei nicht, daß der Adreßantrag immer zu der äußersten Konsequenz der Amtsenthebung führen muß, wenn er Erfolg haben soll. Die Regierung benutzt dann, wie wir bereits gesehen haben, falls sie das für notwendig erachtet, die Gelegenheit, den Richter zu rügen und, obwohl sie sich gegen seine Absetzung auszusprechen gezwungen sieht, sein Verhalten in aller

---

[1]) Vgl. Todd vol. I p. 579; vol. II p. 869.

[2]) Vgl. 3 H. D. vol. 66 p. 1042 et seq., Mirror of Parliament vol. I p. 304. Hier führt Sir F. Shaw aus: ». . . and while the Act will protect them from the influence of the Crown, they must become slaves to the caprice and instrument to the passion of every passing breath of popular opinion«.

[3]) 3 H. D. vol. 66 p. 1102; Mirror of Parliament 1834 vol. I p. 136; Todd vol. II p. 870: »It is in fact an admitted principle that no gouvernment should support a motion for an enquiry into the conduct of a judge, unless they have first made an investigation, and are prepared to say that they think it a fit case to be followed up by an address for his dismissal.«

[4]) Vgl. die Darstellung des Falles bei Todd vol. II p. 867—869.

Öffentlichkeit zu tadeln [1]). So mag es denn auch für einen Richter unter Umständen nicht das Erfreulichste sein, wenn der Adreßantrag fällt, sei es, daß die einleitenden Anträge zurückgenommen, sei es, daß sie abgewiesen werden. Verliert er doch damit jede Möglichkeit, sich zu rechtfertigen. Denn ein Recht, ja auch nur eine Möglichkeit, in einem Verfahren gehört zu werden, das nicht in eine formelle Untersuchung ausmündet, besteht für ihn nicht.

2. a) α) Das Verfahren selbst beginnt nun mit einer Art Eröffnungsverfahren. Die Beschuldigung wird dem Haus mitgeteilt, und es wird der Antrag gestellt, »to make an enquiry into the conduct of a judge«. Spricht sich die Majorität des Hauses für diesen Antrag aus, so stehen für das weitere Verfahren zwei Möglichkeiten zur Verfügung. Das Haus kann in der Angelegenheit einen Untersuchungsausschuß ernennen, der die Untersuchung zu führen und dem Haus über deren Ergebnisse zu berichten hat, oder es kann sich selbst als Untersuchungsausschuß konstituieren [2]) [3]). Dagegen kann es nicht ohne weiteres den Antrag auf Adresse beschließen, da dem Beschuldigten dadurch das Recht auf Verteidigung abgeschnitten würde, was nicht zulässig ist. Denn der Beschuldigte hat, auch das ist ein unzweifelhafter Satz des Parlamentsrechtes, einen Anspruch auf Gehör, sei es, daß er mit einem Rechtsbeistand in der Verhandlung erscheint, sei es, daß er seine Verteidigung persönlich führt [4]). Um sich aber entsprechend verteidigen zu können, muß der Beschuldigte über das Verfahren rechtzeitig informiert werden. Es müssen ihm daher die wesentlichen Schriftstücke, die Petitionen, die dem Haus unterbreitet sind, die schriftlich vorgelegten Anklageschriften, die Be-

[1]) Beispiele hierzu vgl. weiter oben S. 81. So sagt beispielsweise der Prime Minister über das Verhalten des Mr. Justice Grantham unter Ablehnung der Adreßmöglichkeit: »No one more strongly condemns his conduct than I do.« 4 H. D. vol. 160 p. 410. Man sieht, daß im englischen Parlament strenge Kritik auch an Richtern geübt werden kann, aber nur im Einzelfall, bezogen auf den einzelnen Richter und bei vorliegendem Beweismaterial von Gewicht. Aber die allgemein nicht belegten Angriffe auf den Richterstand als solchen, Angriffe aus der als vorhanden angenommenen Welt- und Staatsauffassung der Richterschaft heraus, sie sind der englischen Praxis bis heute fremd, wenngleich in der Gegenwart Tendenzen unverkennbar sind, dem schlechten Beispiele anderer Völker zu folgen. Die Radikalisten aller Länder ähneln sich eben sowohl in der destruktiven Methode ihrer Kampfart als auch in der Unfruchtbarkeit ihrer konstruktiven Gedanken.

[2]) Lords Journals vol. 45 p. 21; Mirror of Parliament 1829 vol. II p. 1153.

[3]) Das Haus wird dann tätig als sogenanntes »committee of the whole House«. Vgl. dazu E. May p. 445 et seq.

[4]) Daß er, um zugelassen zu werden, einen Antrag beim Haus stellen muß, ist ohne Bedeutung, da das Haus diesen Antrag niemals ablehnen wird.

schlüsse des Hauses und selbstverständlich auch die Termine für die Verhandlungen abschriftlich und rechtzeitig bekanntgegeben werden [1]). Und er hat nunmehr bei den Verhandlungen ein freies, uneingeschränktes Recht, alles das vorzubringen, was er zu seiner Verteidigung für zweckentsprechend hält. Namentlich kann er Beweismittel jeder Art in das Verfahren einführen, wie er andererseits das im englischen Verfahren so überaus wichtige Recht hat, die gegen ihn vorgeführten Zeugen im Wege des Kreuzverhörs, in dem sich ein großer Teil der englischen Verteidigung abspielt, zu vernehmen. Man muß zugeben, daß die Stellung eines Beschuldigten in der Tat nicht freier ausgestaltet sein kann.

β) Was das Beweisverfahren anbelangt, so sind selbstverständlich alle Beweismittel zulässig, die sonst in einem Strafverfahren zulässig sind, ohne daß indessen, wie bereits früher bemerkt ist [2]), das Haus an die Beweisregeln des gewöhnlichen Strafverfahrens gebunden wäre. Die Zeugen usw. sind eidlich zu vernehmen [3]). Ihre Ladung, die durch den Clerk of the House oder, falls ein Select Committee bestellt ist, durch den Clerk of the Committee zu erfolgen hat, verpflichtet zum Erscheinen bei Gefahr der Verurteilung wegen Contempt durch das Haus [4]). Wünscht der Beschuldigte Zeugen geladen zu bekommen, so hat er sich deshalb mit den erforderlichen Anträgen an das Haus zu wenden, falls er diese nicht selbst in der Ausschußsitzung stellt.

γ) Über das Ergebnis der Untersuchung hat nunmehr, falls ein Ausschuß gewählt ist, dieser einen Bericht zu erstatten, über den das Haus, ohne im geringsten an ihn gebunden zu sein, beschließt. Hierbei ist dem Beschuldigten nochmals Gelegenheit zu geben, sich »at the bar« also im Plenum [5]) zu verteidigen. Da nun aber das Haus an den Bericht nicht gebunden ist, da vielmehr das Prinzip der Selbständigkeit der Entscheidung gilt, so ergibt sich, daß der in einem Select Committee erhobene Beweis nochmals »at the bar of the House«, und zwar, falls dies vom Beschuldigten gewünscht wird, in seiner

---

[1]) Todd vol. II p. 874, 875.

[2]) Vgl. weiter oben S. 83.

[3]) Vgl. hierzu namentlich 34 and 35 Vict. c. 83 ss. 1, 2.

[4]) Dies ergibt sich aus dem allgemeinen Recht des Hauses, Ungehorsam gegen seine Befehle als Contempt zu bestrafen. Vgl. dazu weiter oben S. 55. Zum Ganzen vgl. E. May p. 160, 581, 582; Redlich S. 456 ff. Vgl. endlich auch 55 and 56 Vict. c. 64.

[5]) Der Ausdruck Plenum drückt nicht ganz zutreffend aus, was in Frage steht, da das House als Committee of the whole House auch das Plenum darstellt. Gemeint ist eine Verhandlung des Hauses als solchem, nicht aber als eines Committee. Vgl. hierzu Redlich S. 449; Hatschek Bd. I S. 410 ff.

Anwesenheit erhoben werden muß[1]). Hier bedeutet mithin die Verhandlung in dem Select Committee eine Art Voruntersuchung, die aber mehr den Zweck der Beweisermittlung als den der bindenden Beweiserhebung hat, falls das Verfahren fortgeführt werden soll. Kommt dagegen das Select Committee zu einem negativen Bescheid, dem demnächst das Haus beizutreten beabsichtigt, so ist eine abermalige Zeugenerhebung nicht erforderlich, da sie ja nur im Interesse des Beschuldigten, dem auch im Plenum das Recht auf Kreuzverhör zusteht, zugelassen ist. Und ebenso dürfte sich eine Wiederholung der Beweisaufnahme erübrigen, falls sich das Haus in seiner Gesamtheit als »Committee of the Whole House« konstituiert hatte. Denn einmal finden diese Verhandlungen öffentlich statt und ferner gelten alle Mitglieder als anwesend[2]), so daß eine nur einmalige Beweiserhebung hier weder die Öffentlichkeit noch die Unmittelbarkeit der Beweiserhebung irgendwie zu beeinträchtigen geeignet ist.

Das Haus hat seiner Entscheidung nur das bei ihm selbst vorgebrachte Beweismaterial zugrunde zu legen. Es ist mithin an keine Beweiserhebungen, die in anderen Verfahren stattgefunden haben, gebunden, ja, die Beweisnotwendigkeit der für die Entscheidung relevanten Tatsachen entfällt auch nicht dadurch, daß in einem außerparlamentarischen Verfahren, also z. B. in einem Gerichtsverfahren, bereits Feststellungen in der fraglichen Sache getroffen sind[3]). Wird mithin z. B. ein Richter von einem Gericht verurteilt wegen irgend einer »infamous offence, by which the offender is rendered unfit to exercise any office or public franchise«[4]), so ist das Haus bei seiner Entscheidung an das gerichtliche Urteil, auch wenn dieses von einer Anklage wegen eines solchen Deliktes freigesprochen haben sollte, tatsächlich nicht gebunden. Das Haus kann sich mithin in der Tatfrage auf den Standpunkt stellen, daß der Richter die fragliche Tat nicht begangen hat, oder, daß er sie begangen hat. Das Parlament ist also dem Gericht gegenüber völlig frei und hat den von diesem bereits entschiedenen Tatbestand nachzuprüfen und neu zu entscheiden. Daß es aber von den gerichtlichen Entscheidungen

[1]) Anson vol. I p. 401: »The House, having appointed a committee to inquire into the truth of charges made, whether by petition or on motion, and having received the report of the committee, hears the official complained of in his defence. It may accept without further inquiry the report of the committee, but the better opinion seems to be that the evidence against the person charged, although it has already been taken by the committee, should be heard at the bar of the House.« Vgl. hierzu auch Lords Journals v. 62 p. 599.

[2]) Redlich S. 463—469.

[3]) Todd vol. II p. 874.

[4]) Vgl. hierzu weiter oben S. 40.

häufiger abweichen sollte, kann indessen nicht angenommen werden bei der Tendenz, die die ganze parlamentarische Praxis beherrscht, die Autorität der Gerichte niemals zu schwächen, wohl aber stets möglichst aufrechtzuerhalten, wenn nicht gar zu verstärken.

Was für Gerichtsentscheidungen gilt, gilt natürlich auch für Entscheidungen anderer Untersuchungen. In der Beurteilung und Bewertung des inkriminierten Tatbestandes ist mithin auch hier das Haus von jeder Vorentscheidung frei. Sollte mithin ein Regierungsuntersuchungsausschuß bei einer Verurteilung eines Richters der Ansicht sein und dies in seinem Report zum Ausdruck bringen, daß die Tat ihn zur Ausübung des Richteramtes ungeeignet erscheinen lasse, so kann das Haus, indem es die Tat in ihrer Bedeutung anders einschätzt, entgegengesetzt wie der Ausschuß entscheiden [1]).

δ) Die Entscheidung des Hauses, über die verhandelt und abgestimmt wird, ergeht in der Form einer an die Krone gerichteten Adresse [2]), die die Bitte enthält, den in der Adresse bezeichneten Richter seines Amtes zu entheben, da er ungeeignet erscheine, weiter richterliche Funktionen auszuüben. Die Tatsachen, in denen das Haus misbehaviour des Richters gefunden hat, sind in die Adresse aufzunehmen, die nunmehr dem House of Lords mit dem Antrag auf Zustimmung übersandt wird.

b) α) Im House of Lords wird daraufhin die Angelegenheit einer erneuten Prüfung unterzogen. Daß die Beweise neu erhoben werden, ist nicht notwendig, wenngleich abermalige Vernehmung der Zeugen usw. angeordnet werden kann. Der Beschuldigte hat, wie im House of Commons, Recht auf Gehör und kann seinerseits Beweisanträge nach jeder Richtung hin stellen. Die Beweiserhebungen erfolgen wie die übrigen Verhandlungen in öffentlicher Sitzung des Hauses, und zwar werden die Zeugen der Anklage durch den Attorney- oder den Solicitor-General vernommen, die im House of Lords die Anklage zu vertreten haben [3]). Der Anwalt des Beschuldigten hat seinerseits

---

[1]) So ist z. B. Baron O'Grady nicht seiner Stellung enthoben trotz des Berichtes der Commissioners on the Courts of Justice in Ireland und der Zustimmung, die die Anklagen der Commissioners in zwei Select Committees des Hauses fanden. Todd vol. II p. 865; Commons Journals vol. 76 p. 432, 499, vol. 78 p. 135, 321 verglichen mit Commons Journals vol. 80 p. 536 und 2 H. D. vol. 13 p. 1138.

[2]) Daß unter Umständen vor der Abstimmung nochmals eine Kommission eingesetzt werden kann, was ja auch durchaus zweckentsprechend ist, um den Wortlaut der Adresse festzustellen, interessiert hier nicht weiter.

[3]) Vgl. das Verfahren gegen Sir J. Barrington Todd vol. II p. 869.

das Recht auf Kreuzverhör und umgekehrt [1]). Die Zeugen werden in der Regel vereidigt [2]) [3]).

β) Auch das House of Lords entscheidet in vollkommener Selbständigkeit und Unabhängigkeit von früheren Entscheidungen. Sein Beschluß kann dahingehen, daß die Adresse abgelehnt wird. Damit ist die Sache entgültig erledigt [4]). Es kann ferner die Adresse abändern [5]) und sie zur abermaligen Beschlußfassung und Zustimmung an das House of Commons zurückgehen lassen. Es kann endlich dem Beschluß des House of Commons ohne Vorbehalt beitreten, mithin der Adresse zustimmen. Seine Beschlüsse sind dem House of Commons mitzuteilen [6]).

3. a) Hat nunmehr auch das House of Lords den Antrag auf Adresse angenommen, so ist damit tatsächlich beschlossen, daß der angeklagte Richter seiner Stellung zu entheben ist. Diese Entscheidung ist endgültig, und es stehen dem nunmehr verurteilten Richter gegen das Urteil des Parlaments — denn um ein solches handelt es sich — keinerlei rechtliche oder tatsächliche Möglichkeiten mehr zur Verfügung. Die Vollstreckung erfolgt so, daß sich eine Deputation von Mitgliedern beider Häuser zum König begibt, um ihm in feierlicher Weise die Adresse zu überreichen. In dem einzigen Fall des letzten Jahrhunderts erklärte der König seine Zustimmung zur Adresse und seine Bereitwilligkeit, die Absetzung des in Frage kommenden Richters zu verfügen [7]) [8]). Das Weitere hat dann die Regierung, insbesondere

---

1) E. May p. 581.

2) Vgl. über die Form der Vereidigung E. May p. 581.

3) Selbstverständlich kann das House of Lords dem Beschluß des House of Commons auch sofort ohne weitere Beweiserhebung beitreten.

4) Selbstverständlich kann der Fall auch nicht durch erneute Petition usw. beim House of Commons angebracht werden. Prozessualisch ausgedrückt ist die Entscheidung unbedingt rechtskräftig.

5) So kann z. B. eine der Anklagebehauptungen fallen gelassen werden.

6) Todd vol. II p. 869; Anson vol. I p. 401.

7) Als Beispiel einer Adresse mag die vom House of Commons im Fall des Richters Sir J. Barrington formulierte Adresse (Mirror of Parliament 1830 vol. II p. 1956) gegeben werden: »Most Gracious Sovereign, We, your Majesty's most dutiful and loyal subjects, the Commons, in Parliament assembled, beg leave humbly to represent to your Majesty, that the office of Judge of the High Court of Admiralty in Ireland is an office of dignity and importance, on the impartial and incorrupt execution of which the honour of the Crown, and the protection of the rights and interests of many, both of your Majesty's subjects, and of foreigners engaged in maritime pursuits, greatly depend: That, by Letters Patent under the great Seal of Ireland, date the 23 d May, 1797, Doctor Barrington, now Sir Jonah Barrington, was appointed to the said office of Judge of the High Court of Admiralty in Ireland: that it appears to your faithful subjects that Sir Jonah Barrington, as Judge of the High Court of Admiralty in Ireland,

der Lord Chancellor zu veranlassen. Pensionsansprüche werden an sich durch die parlamentarische Entscheidung nicht berührt, und es kann sich auch das Parlament in der Adresse zu dieser Frage nicht äußern. Allein da die Bewilligung der Pensionen stets nur von Fall zu Fall und zwar nach freiem Ermessen erfolgt[1]), so ist ohne weiteres die Möglichkeit für die Krone oder den Lord Chancellor gegeben, in einem derartigen Fall eine Pension nicht zu bewilligen.

b) Man hat mit Recht darauf hingewiesen[2]), daß die letzte Entscheidung in der Angelegenheit, rechtlich betrachtet, beim König steht, da die Adresse des Parlaments lediglich eine Bitte ausspricht. Das ist theoretisch sicher richtig, praktisch aber kann es nicht vorkommen, daß sich der König weigern sollte, der Bitte der Häuser zu entsprechen. Denn da der König seine negative Entscheidung nur unter Verantwortlichkeit des Ministeriums treffen könnte, da aber, falls das Ministerium die Verantwortung hierfür übernehmen wollte, ein Sturz des Ministeriums die unvermeidliche Folge seiner Haltung wäre, so mag die Frage theoretisch interessant sein, praktische Bedeutung hat sie nicht; sie kann daher ausscheiden. Daß sich übrigens ein Ministerium finden sollte, das in einem Fall, in dem sich beide Häuser — in dieser Notwendigkeit, daß sich beide Häuser auf die Adresse einigen müssen, liegt die stärkste Rechtsgarantie für den Beschuldigten[3]) — gegen den Richter ausgesprochen

---

did in the years 1805 and 1816, under colour of his official authority, apply to his own use two sums, amounting to £ 500 9 sh. 2 d out of the proceeds of the derelict ship, »Nancy«, then lodged in the hands of the Registrar of that Court; and that he did, in the year 1810, in a similar manner, apply to his own use the sum of £ 200, out of the proceeds of »The Redstrand« derelict: that it appears to your faithful subjects, that Sir Jonah Barrington has been thereby guilty of serious malversation in the discharge of his office of Judge of the High Court of Admiralty, and that it is unfit, and would be a bad exemple, that he should continue to hold the said office: We therefore humbly pray your Majesty, that your Majesty will be pleased to remove Sir Jonah Barrington from the office which he holds of Judge of the High Court of Admiralty in Ireland.«

¹) Der König erklärte (Todd vol. II p. 869): »I cannot but regret the circumstances which have let to this address. I will give directions that Sir Jonah Barrington be removed from the office he holds of judge of the High Court of Admiralty in Ireland.«

²) Vgl. 15 and 16 Geo. V c. 49 s. 14; 9 and 10 Geo. V c. 70 s. 2.

⁸) Anson vol. I p. 402; vgl. auch Mirror of Parliament 1830 vol. II p. 1559, 1560.

³) Daß ein derartiges parlamentarisches Disziplinarverfahren unter einem Einkammersystem zu geradezu unerträglichen Konsequenzen führen müßte, da es dem Beschuldigten jede Möglichkeit nehmen würde, offenbar unrichtige Entscheidungen vor einer anderen Instanz (der Ausdruck zweiter Instanz mag vermieden werden) zu bekämpfen, kann nicht scharf genug hervorgehoben werden.

haben, diesen Richter zu halten versucht, ist von vornherein undenkbar[1])[2]).

§ 5. β. Die parlamentarischen Untersuchungsausschüsse.

I. 1. a) Die letzte Frage, der wir uns bei der Darstellung der Beziehungen zwischen Parlament und Rechtspflege zuzuwenden haben, betrifft die Einrichtung und Möglichkeit parlamentarischer Untersuchungen von Verhältnissen, die die öffentlichen Interessen berühren, eine Frage, die bei der allumfassenden Justizaufsicht, die das Parlament auszuüben berechtigt ist, und die es auch tatsächlich ausübt[3]), von ganz besonderer Bedeutung ist. Ohne nun auf die Frage der Berechtigung, ja der Notwendigkeit derartiger Untersuchungsmöglichkeiten für das Staatsleben, die im parlamentarischen Staat nicht geleugnet werden kann, irgendwie einzugehen[4]), mag in diesem Zusammenhang zunächst darauf hingewiesen werden, daß in England öffentliche Enqueten keineswegs nur vom Parlament veranstaltet und durchgeführt werden können, sondern daß hier vielmehr eine Reihe von Möglichkeiten zur Verfügung stehen. Übereinstimmend bei allen ist, daß die Untersuchung durch einen funktionell unabhängigen Ausschuß stattfindet. Im übrigen aber haben wir zu unterscheiden je nach der Stelle, die den Ausschuß einsetzt, zwischen Regierungsausschüssen, die im allgemeinen Commissions genannt werden, und den Parlamentsausschüssen, den sogenannten Select Committees. Dazu kommt noch eine dritte Möglichkeit, die man Gesetzesausschüsse be-

---

[1]) Einen direkt entgegengesetzten Standpunkt hinsichtlich der praktischen Bedeutung des Entscheidungsrechtes der Krone vertritt Hatschek Bd. I S. 539, wenn er meint: »Die Krone kann also, muß aber nicht, auf gemeinsame Adresse beider Häuser den Richter absetzen. Schon darin allein liegt die Gewähr dafür, daß das Parlament nicht willkürlich im Beantragen einer solchen Adresse vorgehen wird.« Hatschek verkennt hier die Dynamik im englischen Staatsleben in einer Weise, die bei einem so genauen Kenner des englischen Staatsrechtes geradezu erstaunlich ist.

[2]) Richter können sich übrigens dem Disziplinarverfahren dadurch entziehen, daß sie freiwillig zurücktreten. Einen derartigen Fall erwähnt Todd vol. II p. 859. Die Konsequenz, allerdings die er daraus zieht, daß die Regierung ihrerseits die Absetzung herbeiführen könne, und zwar ohne Mitwirkung des Parlamentes, scheint mir nicht schlüssig. Einen anderen Fall vgl. 3 H. D. vol. 182 p. 1629 et seq.; vol. 183 p. 353 et seq. 778; vol. 184 p. 835 et seq.

[3]) Vgl. weiter oben S. 60 ff.

[4]) Recht hübsche Ausführungen dazu finden sich in der auch sonst beachtenswerten Dissertation von Beckermann, Die wichtigsten Mittel der parlamentarischen Kontrolle S. 3 ff. Daß man übrigens in England den parlamentarischen Ausschüssen zum Teil auch etwas skeptisch gegenüber steht, beweisen die Ausführungen Todd's vol. I p. 428, 429, vor allen aber das Werk von Toulmin Smith, Government by Commissions, illegal and pernicious. 1849.

zeichnen kann; die Ernennung der mit der Untersuchung beauftragten Personen wird hier teils durch das Gesetz selbst, teils aber durch die Regierung auf Grund einer Ermächtigung des Gesetzes vollzogen [1]).

b) α) Beginnen wir mit den Regierungskommissionen, so können dieselben eingesetzt werden auf Grund der Initiative der Regierung oder des Parlaments. Es wird in schwierigen Fragen oftmals Frage der politischen Taktik sein, wer zuerst die Initiative ergreift, und es wird sicher der Regierung häufig sehr ratsam erscheinen, ihrerseits sofort eine Untersuchung zu eröffnen, um unliebsamen, ja vielleicht gefährlichen Debatten im Parlament zu entgehen [2]). Denn ist einmal ein Ausschuß eingesetzt, so kann die Regierung den Versuch, eine parlamentarische Verhandlung herbeizuführen, dadurch zum Scheitern bringen, daß sie auf die Tätigkeit des Ausschusses hinweist; gilt es doch nicht als zulässig, während der Zeit seiner Tätigkeit die Sache, die als sub judice angesehen wird, anderweit zur Sprache zu bringen.

Unter den Regierungsausschüssen ist aber des weiteren zu unterscheiden: die einen werden durch die Krone selbst gebildet; sie heißen daher auch Royal Commissions; die Ernennung ihrer Mitglieder erfolgt ebenfalls durch die Krone [3]). Auf der andern Seite stehen Kommissionen, die von einem bestimmten Dezernat gebildet werden; ihre Mitglieder werden durch den betreffenden Ressortchef berufen [4]). Man bezeichnet sie als Departmental Commissions. Als Mitglieder sollen namentlich im ersten Fall keine Mitglieder der Regierung herangezogen werden, da einmal die Kommission unter Umständen das Verhalten der Regierung nachzuprüfen hat, da andererseits aber auch die Regierung sich unter Umständen darüber schlüssig werden muß,

---

[1]) Man redet hier auch von Statutory Commissions. Todd vol. II p. 431.

[2]) Allerdings sagt Todd vol. II p. 434: »But it would be unconstitutional... to appoint a commission with a view to evade the responsibility of ministers in any matter....« Das mag theoretisch richtig sein und auch in ganz wichtigen Fragen zutreffen, bei denen übrigens auch ein derartiges taktisches Verhalten der Regierung offenbar mehr schaden als nützen würde. Daß sich aber in hundert Fragen des täglichen Lebens die Regierung ihre parlamentarische Lage ganz erheblich dadurch erleichtern kann, daß sie das Präveniere spielt und einen Ausschuß ernennt, ohne den Druck des Parlamentes abzuwarten, das wird niemand, der mit der parlamentarischen Praxis auch nur einigermaßen vertraut ist, leugnen wollen. Und es gilt dieser Satz nicht nur für England, sondern ganz allgemein. Die Phöbusangelegenheit und ihre Behandlung durch die Reichsregierung bietet dafür ein lehrreiches Beispiel hinsichtlich der deutschen Verhältnisse.

[3]) Vgl. Fromageot, Commissions politiques d'enquête en Angleterre (auch im Bulletin de la Société de Législation comparée, 1893 erschienen) p. 10 s.

[4]) Vgl. hierzu besonders Hatschek S. 557 ff., insbesondere S. 561.

welche Folge sie dem Bericht zu geben gesonnen ist [1]. Im allgemeinen entscheidet für die Ernennung die Vertrautheit mit der Materie, die Sachkunde des zu Ernennenden, andererseits aber ist auch sicher in manchen Fällen ausschlaggebend das allgemeine Ansehen und die Achtung, die eine im öffentlichen Leben stehende Person genießt. Mitglieder des Parlaments können herangezogen werden, schon um die Verbindung mit dem Parlament aufrecht zu erhalten [2]; geschieht das, so ist es selbstverständlich, daß beide Parteien, oder wieviel es gibt, in der Kommission vertreten sein müssen [3]. Geht die Anregung zur Einsetzung einer Kommission vom Parlament aus, so kann dieses Vorschläge zur Berufung geeigneter Personen machen, die die Regierung bzw. die Krone theoretisch nicht binden, praktisch aber stets ausschlaggebend sein dürften [4].

Die Frage, worüber solche Kommissionen eingesetzt werden können, beantwortet sich, ohne daß auf Einzelheiten irgendwie eingegangen werden könnte, prinzipiell dahin, daß Kommissionen zulässig sind, soweit die Zuständigkeit der Regierung reicht. Nur muß es sich um Angelegenheiten handeln, die für die Öffentlichkeit von Bedeutung sind. Denn nur in ihrer Bedeutung für das öffentliche, d. h. das staatliche Interesse können Tatbestände überhaupt untersucht werden. Dabei mag hervorgehoben werden, daß die Frage, inwieweit das öffentliche Interesse an der Aufklärung beteiligt ist, von geringerer Bedeutung ist als die entscheidende Frage, ob es überhaupt beteiligt ist. So können z. B. derartige Untersuchungen keineswegs lediglich zum Zweck künftiger Gesetzgebung vorgenommen werden. Der Grund zu ihnen kann vielmehr auch der sein, künftige Verwaltungsmaßnahmen, ja, ganz spezielle Einzelhandlungen der Verwaltung (Dienstentlassungen! Klageerhebungen!) vorzu-

---

[1]) Todd. vol. II. p. 437, 438. Ausnahmen kommen indessen vor, namentlich, wenn die Untersuchung selbst keinerlei politischen Charakter hat. Beamte werden meist in Departmental Comissions verwendet. Todd. vol. II p. 451.

[2]) Todd vol. II p. 437: »Sometimes at the discretion of government, members of one or both branches of the Legislature are appointed upon important public commissions, not merely because of their personal fitness, but also for the purpose of obtaining a direct and efficient representation of the commission in Parliament.«

[3]) Daß die Zusammensetzung dieser Kommission vom Parlament sehr genau verfolgt und überwacht wird, ist bei ihrer Bedeutung, auf die wir im Text noch zurückkommen werden, nicht weiter erstaunlich. Vgl. dazu weiter 3 D. H. vol. 185 p. 190, 514; vol. 187 p. 1489; vol. 188 p. 121—125. Zu Unrecht legt übrigens Hatschek der Parteizugehörigkeit der einzelnen Ausschußmitglieder kein Gewicht bei. Vgl. Bd. I S. 560.

[4]) Vgl. hierzu auch Todd vol. II p. 439, 440.

bereiten. Und es mag auch daraufhin gewiesen werden, daß diese Untersuchungen keineswegs nur allgemeiner Natur zu sein brauchen. Sie können sich allerdings auf allgemeine Verhältnisse beziehen, die aufgeklärt werden sollen (Lohnverhältnisse! Sicherheitsverhältnisse betreffend der Eisenbahnanlagen! [1]) Straßenverhältnisse!). Sie können aber auch ganz spezielle Angelegenheiten betreffen [2]), ja, sie können das Verhalten einer ganz bestimmten Person in einer ganz bestimmten Angelegenheit zum Gegenstand haben [3]), immer aber unter dem Gesichtspunkt, daß das Verhalten der fraglichen Person genau zu kennen im öffentlichen Interesse liegt [4]). Überblickt man diese weiten Möglichkeiten, bedenkt man, daß sie selbstverständlich auch hinsichtlich der Ausübung der Rechtspflege gegeben sind [5]), so ergibt sich, daß alle die Probleme, die wir zu Eingang unserer Untersuchungen hinsichtlich der parlamentarischen Untersuchungsausschüsse kennen gelernt haben, [6]) auch auftauchen können in Hinblick auf Regierungsausschüsse. Auch hier sind Möglichkeiten gegeben, wie Stellungnahme der Ausschüsse zu Entscheidungen der Gerichte, zum Verhalten der Richter im Einzelfall und generell, und was dergleichen mehr sein mag. Es mag daher ausdrücklich hervorgehoben werden, daß der Satz, wonach eine Sache sub judice gleichzeitig nicht vor einer andern Stelle verhandelt werden darf, da das Recht des Gerichtes auf prozessuale Erledigung ein ausschließliches ist, das von niemand gestört werden darf, auch für Regierungsausschüsse gilt. Auch bei ihnen schließt Rechtshängigkeit der Sache die Möglichkeit gleichzeitiger Untersuchung aus [7]). Derartige Kommissionen sind aber nicht verhindert, sich mit im Prozeßweg

[1]) Vgl. hierzu Cohn, Parlamentarische Untersuchungen in England, S. 7.

[2]) So hat z. B. das englische Kolonialamt gerade jetzt (April 1928) eine Untersuchung angeordnet (allerdings nur durch einen Commissioner) »to inquire and report upon the circumstances in which murderous attaks took place on Government officials at Verakone, Guadalianal in February 1927, and at Sinavango, Malaita, in October, 1927« (Times vom 11. 4. 1928).

[3]) Man denke an den vom Prime Minister Februar 1928 eingesetzten Ausschuß in dem Franc-case. Der Ausschuß erhielt den Auftrag »to tenquire into certain statements made in the case Ironmonger and Company v. Dyne affecting Civil Servants«. Vgl. Report 1928 (No. 3037) p. 3.

[4]) Vgl. hierzu namentlich den in Anm. 2 erwähnten Untersuchungsauftrag. Nicht die Mordtaten interessieren, sondern die Gründe, die zu ihnen geführt haben. (»The causes of the disturbances are uncertain.«)

[5]) So war z. B. seinerzeit (1820, 1821) eine Kommission eingesetzt, die die Rechtspflegeverhältnisse in Irland nachzuprüfen hatte. Vgl. auch Todd vol. II p. 865.

[6]) Vgl. weiter oben S. 21 f.

[7]) Vgl. dazu weiter oben S. 71 f.

erledigten Sachen zu befassen, und auch die Möglichkeit etwa später eintretender Rechtshängigkeit hindert die Untersuchung durch einen Ausschuß nicht. Im Gegenteil, er wird unter Umständen festzustellen haben, ob im konkreten Fall Gelegenheit zum strafrechtlichen Einschreiten gegeben ist, und es wird, falls die Frage bejaht wird, die Anklage dann auf Grund der Untersuchungsergebnisse des Ausschusses erhoben werden [1]). Daß übrigens das Parlament auch den dem Ausschuß übertragenen Auftrag genau kontrolliert, ist selbstverständlich, und es würde zweifellos eingreifen, wenn etwa seitens der Regierung oder aber eines Ausschusses — hier durch Ausdehnung seiner Kompetenzen über den Auftrag hinaus, was, wie wir sofort sehen werden, vorkommen kann — das weiter oben erwähnte Verbot, Sachen sub judice zu behandeln, verletzt würde [2]).

Der Ausschuß selbst ist nun, wie wir bereits erwähnten [3]), funktionell unabhängig. An seinen Auftrag ist er selbstverständlich gebunden, und wenn auch gewisse Überschreitungen an sich geduldet werden, so müssen sich diese doch immer in dem Rahmen des erteilten Auftrages halten und können daher immer nur unbedeutender Natur sein [4]).

---

[1]) So fällte denn auch der S. 97 Anm. 3 erwähnte Report des Franc Ausschusses ganz bestimmte Urteile über das Verhalten der in Frage kommenden, man darf ja wohl sagen, beschuldigten Beamten. Charakteristischerweise zieht er aber dann die Konsequenz hinsichtlich des öffentlichen Interesses, das der Fall hat, indem er ganz bestimmte Verhaltungsmaßregeln für Beamte formuliert, die er als bindend für die Zukunft vorschlägt. Vgl. Report p. 9, 10, 20—22.

[2]) Daß der Franc-Ausschuß dieses Prinzip nicht verletzt hat, darf ausdrücklich hervorgehoben werden.

[3]) Vgl. weiter oben S. 94.

[4]) Auch hier mag auf den Franc-Ausschuß verwiesen werden. Der Auftrag ging, wie oben S. 97 Anm. 3 ausgeführt ist, dahin, daß die Spekulation gewisser Beamter des Auswärtigen Amtes, deren Namen sich aus den Zeugenaussagen eines bestimmten Prozesses ergaben, auf ihre disziplinarische Zulässigkeit hin geprüft werden sollten. Der Ausschuß untersucht aber, ob überhaupt Beamte des Amtes in derartige Spekulationen engagiert gewesen seien. Er führt p. 3 aus: »We have interpreted our terms of reference as requiring us to investigate the truth of these statements« — hier werden also die Zeugenaussagen im Prozeß einer Nachprüfung auf ihre Wahrheit unterzogen; daß damit der Ausschuß unter Umständen zu anderen tatsächlichen Feststellungen kommen kann als das Gericht, liegt auf der Hand. Mit anderen Worten: die tatsächlichen Feststellungen des Gerichtes binden den Ausschuß nicht. — »to ascertain the nature of the transactions referred to« — hier wäre das Gleiche zu bemerken mit der Maßgabe, daß auch die rechtliche Auffassung des Gerichts den Ausschuß nicht bindet— »and to consider whether the three persons above named made use of any official knowledge in these transactions for the purpose of private profit, and whether, if they did not, the transactions were proper or becoming in the case of a Civil Servant. But we understand also that it is your desire and intention that we should further satisfy ourselves upon the question whether other Civil Servants

Wie aber der Auftrag ausgeführt, welche Beweismittel herangezogen werden sollen, wie die Beweiserhebungen im einzelnen vorzunehmen sind, das alles liegt im freien Ermessen des Ausschusses, und es hat insoweit die Regierung keine Möglichkeit, einzugreifen. Denn das, um was es sich handelt, ist eine unabhängige Untersuchung, die man verlangt, und die in rein objektiver Ermittlung ein Resultat zeitigen soll, das nicht irgendeinem politischen Wollen, sondern den tatsächlichen Verhältnissen entspricht. Daß bei den Ausschußarbeiten politische, namentlich parteipolitische Erwägungen völlig zurückzutreten haben, ist daher selbstverständlich [1]).

Über das Verfahren, das die Ausschüsse anwenden, braucht nichts weiter gesagt werden; der zu erstattende Report geht an die Regierung, die ihn im allgemeinen dem Parlament mitzuteilen hat. Nur ausnahmsweise ist die Vorlage des Berichtes einer Departmental Commission dem Parlament verweigert worden [2]). Besteht das Parlament trotzdem auf Vorlage, so gibt es wiederum nur die Alternative: Rücktritt oder Nachgeben der Regierung, falls nicht etwa nun das Parlament von sich aus eine selbständige Untersuchung anordnen will. Dies kann es natürlich jederzeit tun, auch wenn ein Regierungsausschuß bereits getagt hat [3]) [4]) [5]).

β) Die zweite Form der Untersuchungsausschüsse, der wir uns zuzuwenden haben, ist die der Gesetzesausschüsse. Hier wird durch ein Statut die Einsetzung eines Untersuchungsausschusses für eine

---

had been engaged in transactions of a speculative kind of which the propriety might be open to doubt. We have accordingly extended the scope of our inquiry so as to cover all these matters«.

1) Todd vol. II p. 489: »Under any circumstances, a commission of enquiry ought not to be of a partisan character, but should comprise the fairest and fullest representation of all opinions, even such as may be strong and extreme on the question proposed to be investigated.«

2) 3 H. D. vol. 170 p. 192; vol. 215 p. 526, 1558; vol. 223 p. 376. Vgl. auch Hatschek Bd. I S. 561.

3) Cohn, Parlamentarische Untersuchungen in England S. 7 gibt Beispiele.

4) Während der Verhandlungen des Regierungsausschusses kann das Parlament materiell nicht eingreifen. Formale Anfragen z. B. über Wechsel der Mitglieder, auch über Nichtzulassung bestimmter Personen als Hörer bei den Verhandlungen, kommen indessen vor. 3 H. D. vol. 188 p. 1437.

5) Endlich kann die Regierung auch einzelne Personen als Commissioners mit der Untersuchung bestimmter Fragen beauftragen. Sie dürfen nicht verwechselt werden mit Beamten, die gleichfalls diese Bezeichnung führen z. B. die Commissioners der Polizei. Vgl. Hatschek Bd. II S. 500. Auch der Ausdruck »Commission« wird übrigens vieldeutig verwendet, ich erinnere an die Commission of Assize. Vgl. Gerland S. 500.

bestimmte Angelegenheit angeordnet [1]). In derartigen Fällen bestimmt das Gesetz ein Doppeltes, einmal das Thema der Untersuchung, von dem, da es gesetzlich festgelegt ist, Abweichungen natürlich unmöglich sind [2]), ferner die Machtvollkommenheiten, die dem Untersuchungsausschuß hinsichtlich von Zeugenvernehmungen usw. zustehen sollen. Die Ernennung der Ausschußmitglieder kann durch das Gesetz selbst erfolgen [3]) [4]), sie kann aber auch der Krone bzw. der Regierung überlassen bleiben [5]). Derartige Gesetzesausschüsse, die nur in den wichtigsten Fällen eingesetzt werden, sind früher von Fall zu Fall angeordnet worden. Besonders bekannte Ausschüsse aus dem vorigen Jahrhundert sind die Ausschüsse aus Anlaß von Arbeiterunruhen in Sheffield von 1867 [6]). Aus unserer Zeit nenne ich die Ausschüsse anläßlich des Burenkrieges, an dessen Spitze man in beachtenswerter Weise einen hohen Richter gesetzt hatte [7]), und den Ausschuß bezüglich der Kriegsereignisse in den Dardanellen und Mesopotamien [8]).

Diese Gesetzesausschüsse treten uns nun neuerdings in einer ganz eigenartigen Ausgestaltung entgegen, die mir historisch von Bedeutung zu sein scheint. Es kann nämlich das Parlament durch übereinstimmenden Beschluß beider Häuser beschließen, daß ein nicht parlamentarischer Untersuchungsausschuß eingesetzt werden soll. Die formelle Einsetzung erfolgt durch den König' oder durch einen der Staatssekretäre. Der Ausschuß wird, was durchaus beachtens-

[1]) Es kann übrigens auch eine Royal Commission eingesetzt werden, der nachträglich durch Statut bestimmte Machtvollkommenheiten verliehen werden. Tatsächlich wandelt sie sich damit in einen Gesetzesausschuß um. Vgl. dazu Fromageot, Commissions politiques p. 13, 14. Ein Beispiel 30 and 31 Vict. c. 8.

[2]) So hatte 30 and 31 Vict. c. 8 einen Ausschuß ermächtigt, Arbeiterunruhen in Sheffield zu untersuchen, namentlich auf die Frage hin, wieweit die Trade Unions daran beteiligt waren. Um die Untersuchungsmöglichkeiten auch für andere Ortschaften zu schaffen, mußte ein neues Gesetz erlassen werden. Vgl. 30 and 31 Vict. c. 74.

[3]) Z. B. 6 and 7 Geo, V c. 34

[4]) Die Wahl der Mitglieder ist an keine Grenze gebunden. Mitglieder des Parlaments werden mit herangezogen. In der Dardanellenkommission gehörten von 10 Mitgliedern 4 dem Parlament an. 6 and 7 Geo. V c. 34 s. 1 (1).

[5]) 11 Geo. V c. 7 s. 1 (1). Vgl. auch 3 H. D. vol. 194 p. 1410; vol. 211 p. 2028; vol. 208 p. 621. Todd vol. II p. 439. Gladstone hat sich übrigens direkt gegen die Opportunität der Wahl der Mitglieder durch das Parlament ausgesprochen. 3 H. D. vol. 192 p. 1942; vol. 196 p. 1747.

[6]) Vgl. weiter oben Anm. 1. Der wichtigste Gesetzesausschuß der letzten Zeit ist die India Statutory Commission. Vgl. 9 and 10 Gev. V c. 101 s. 41; 17 and 18 Geo. 5 c. 24.

[7]) 5 Edw. VII c. 7.

[8]) 6 and 7 Geo. V c. 34.

wert ist[1]), nicht mehr Commission, sondern Tribunal of Inquiry genannt. Er ist hinsichtlich der Machtvollkommenheit zu Zeugenvernehmungen usw. dem High Court gleichgestellt. Contempt of Court gegen ihn wird in demselben Umfang bestraft wie beim High Court, die Bestrafung kann allerdings nicht durch das Tribunal of Inquiry, sondern nur durch den High Court erfolgen[2])[3]). Man sieht, der Gesetzesausschuß tritt uns hier direkt als ein Enquetegericht gegenüber, und es bedeutet das, wie mir bedünken will, den Abschluß einer Entwicklung, deren Tendenz von Anfang an mit der Einrichtung unabhängiger und objektiver Untersuchungsausschüsse gegeben war. Die Einsetzung eines derartigen Tribunals ist übrigens auf Angelegenheiten von dringender öffentlicher Wichtigkeit[4]) beschränkt, und es ist in den parlamentarischen Verhandlungen wiederholt darauf hingewiesen, daß ein Tribunal in der Tat nur in den dringlichsten und wichtigsten Fällen eingesetzt werden sollte[5]). Im übrigen braucht

---

1) Es darf darauf hingewiesen werden, daß man die ganze Tätigkeit der Untersuchungsausschüsse als eine quasi judicielle betrachtet.

2) 11 Geo. V c. 7 s. 1 (2).

3) An Stelle des High Court tritt in Schottland der Court of Session. Vgl. Green, Encyclopedia of the Law of Scotland, 2nd Ed.. vol. XI p. 41—50.

4) 5 H. D (House of Commons) vol. 138 p. 2169; vol. 138 p. 189; vol. 139 p. 397, 399, 2815..

5) Vgl. auch Anson vol. I p. 400, der in beachtenswerter Weise darauf hinweist: »... but the method of inquiry illustrated by the Mesopotamia and Dardanelles Commissions seems likely to gain ground in cases where the subject matter of the inquiry is one which has excited immediate political or popular interest, and where the ascertainment of truth may, unless entrusted to an independent and semi-judicial body, becomes difficult by reason of the introduction of party feelings and prejudice«. Nichts ist interessanter als die Methode, mit der die Engländer die Übertreibungen des Parteigedankens zu verhindern bestrebt sind. Im übrigen ist von den Möglichkeiten des Gesetzes wiederholt Gebrauch gemacht worden. Einmal im Fall des Majors Shephard, der zu Unrecht verhaftet war, und bei dessen Verhaftung und Vernehmung Unregelmäßigkeiten vorgekommen sein sollen. Vgl. Report of Enquiry Comd. 2497. Der Bericht untersucht lediglich das Verhalten der Polizeibeamten und die für Verhaftungen usw. bestehenden Vorschriften. Der zweite Fall betrifft die Entlassung eines Chief Constable; die Untersuchung ist die sogenannte St. Helens Police Enquiry. In Frage steht, warum und ob der betreffende Beamte zu Recht entlassen ist. Die Untersuchung ist zurzeit noch nicht abgeschlossen. Die erste Untersuchung wurde durch einen angesehenen Anwalt, der gleichzeitig Mitglied des Parlaments war, geführt. Die Tendenz, bei diesen Enquetegerichten geht, wie mir Sir Claude Schuster sagte, dahin, die Untersuchung tunlichst in die Hände erfahrener, mit Rechtssachen vertrauter Anwälte usw. zu legen, um alle diese das öffentliche Interesse berührenden Angelegenheiten dem Parteigetriebe in ähnlicher Weise zu entziehen, wie man im 19. Jahrhundert das Wahlprüfungsverfahren in die Hände unparteiischer Richter gelegt hat.

auf die Gesetzesausschüsse nicht weiter eingegangen zu werden [1]). Mutatis mutandis kommt das, was wir für die Regierungsausschüsse gesagt haben, zur entsprechenden Anwendung [2]) [3]).

γ) Endlich haben wir uns der dritten Form öffentlicher Untersuchungen zuzuwenden, den parlamentarischen Untersuchungsausschüssen. Es sind das Ausschüsse, die vom Parlament eingesetzt werden und lediglich aus Mitgliedern des Parlaments bestehen. Sie werden Select Committees [4]) genannt und treten uns in drei Arten entgegen: einmal als Committees of the House of Lords, ferner als Committees of the House of Commons [5]), endlich als Joint Committees, d. h. Ausschüsse, die sich aus Mitgliedern beider Häuser zusammensetzen [6]). Sie werden selbstverständlich nur in den wichtigsten Fällen ernannt [7]). Da wir auf die Select Committees im einzelnen weiter unten zurückkommen werden, braucht hier nicht näher auf sie eingegangen zu werden [8]).

c) α) Dagegen entsteht die Frage, wie sich die einzelnen Untersuchungsmöglichkeiten voneinander unterscheiden, wann zu der einen, wann zu der anderen Form der Untersuchung gegriffen wird. Diese Frage läßt sich nur schwer beantworten. Ausschließliche Zuständigkeiten existieren weder nach der einen noch nach der anderen Richtung. Und es läßt sich mithin kaum ein Tatbestand denken, der nicht ebensogut durch einen Regierungsausschuß [9]) wie durch einen parlamentarischen Ausschuß erledigt werden könnte [10]). Man

---

[1]) Vgl. näher bei Todd vol. II p. 439 et seq.; Hatschek Bd. I S. 561 ff., der allerdings hier Nichtzusammengehöriges durcheinanderwirft.

[2]) Vgl. weiter oben S. 95 ff.

[3]) Selbstverständlich braucht auf ständige Statutory Commissions nicht eingegangen zu werden, wie etwa die Railway and Canal Commissions. Hier handelt es sich einfach um bestimmte Behörden, die die Bezeichnung Commissions haben. Vgl. Gerland S. 634 ff.; Hatschek Bd. I S. 562, 563 und weiter oben S. 99 Anm. 5.

[4]) Daß auch Ausschüsse für die Ausschußberatung von Gesetzen Select Committees genannt werden, ist zu beachten.

[5]) In den Select Committees des House of Commons kulminiert die parlamentarische Untersuchungstätigkeit. Vgl. auch Redlich S. 455 f.

[6]) E. May p. 488 et seq.

[7]) E. May p. 489 n. 3 gibt eine Übersicht über die Fälle, in denen joint committees gebildet sind. Bringt man in Abzug alle Fälle der Gesetzgebung, also hinsichtlich public and private bills, so wird man sehen, daß ihr eigentliches Betätigungsgebiet die private bills sind, nicht aber Enqueten. Die Praxis der joint committees ist eine verhältnismäßig junge; sie beginnt erst 1864. Vgl. übrigens auch Hatschek S. 415 f.

[8]) Vgl. weiter unten S. 106 ff.

[9]) In den beiden Formen als Royal Commission und als Departmental Commission.

[10]) Ein einfacher Vergleich der untersuchten Materien in den Commons Papers beweist dies ohne weiteres.

kann indessen wohl sagen, daß das Parlament selbst die Untersuchung dann in die Hand nehmen wird, wenn die Angelegenheit hochpolitisch ist, wenn das Ansehen des Parlaments oder vielleicht der regierenden Partei betroffen ist, oder wenn ein gewisses Mißtrauen gegenüber der Regierung besteht[1]). Allein auch die Regierungsuntersuchungen betreffen Untersuchungen mit überwiegend politischem Hintergrund[2]), mag es sich bei ihnen im allgemeinen auch mehr um Untersuchungen handeln, zu deren Erledigung weitgehende Sachkunde, mithin Heranziehung erster Sachverständiger erforderlich ist, und deren Arbeiten voraussichtlich längere Zeit in Anspruch nehmen, als für die parlamentarische Arbeit infolge der zeitlichen Beschränkung der Session zur Verfügung steht[3])[4]). Was aber den Gesetzesausschuß anbelangt, so greift man zu ihm nur in Angelegenheiten, die man entpolitisieren, d. h. entparteiisieren will, somit also nur in seltenen Fällen, die aber dann, wie schon die Be-

1) Daß übrigens das Mißtrauen des Parlamentes hier dazu führen kann, daß die Regierung den Antrag auf Untersuchung als Mißtrauensantrag auffaßt und deshalb zurücktritt, beweist die Einsetzung des Sebastopolausschusses 1855, die zum Rücktritt des Ministeriums Lord Aberdeen und zur Bildung des Ministeriums Lord Palmerston führte. Vgl. dazu Anson vol. I p. 398 et seq. Dazu vgl. auch Lemoihnne, l'enquête parlementaire en Angleterre, Revue des deux mondes 1855 vol. II p. 149 ss. Auch das Kabinett Macdonald stürzte 1924 in ähnlicher Weise. Hier sollte ein Untersuchungsausschuß das Verhalten der Regierung bei der Zurücknahme einer bestimmten Klage prüfen.

2) Man denke an den Ausschuß über die Francaffaire, auf die wir wiederholt hingewiesen haben. Den Hintergrund zu ihr bildete, wie nicht weiter ausgeführt werden kann, die Angelegenheit des Sinojewbriefes. Interessant ist übrigens ein Vergleich dieser Angelegenheit mit dem sogenannten Marconifall, in dem Geschäfte mit Marconiaktien, die von führenden Mitgliedern der Regierung abgeschlossen waren, in Frage standen. Der Fall liegt ganz ähnlich wie der Francfall. Trotzdem wurde damals, offenbar in Hinblick auf die erhöhte politische Bedeutung des Falles, parlamentarische Untersuchung beschlossen. Vgl. Commons Papers 1913 vol. VII p. 97 et seq.

3) Es kamen allerdings auch Überleitungsgesetze vor, um die Arbeiten der einen Session für die andere zu retten. Ein Beispiel bei Todd vol. II p. 863; E. May p. 486.

4) Vgl. zum Ganzen auch A. Lowell, Government of England vol. I (1920) p. 267 n. 2: »That question often arises whether inquiry shall be conducted by a committee of the House, or by a commission appointed by the government. When the matter is distinctly political a committee of the House is the proper organ; but when the judgment of outside experts is needed the other alternative is obviously preferable, several members of Parliament being often included in such cases.« Endlich darf auch nicht übersehen werden, daß unter Umständen die Stelle die Untersuchung einleitet, die die raschere ist. Das wird natürlich im allgemeinen die Regierung sein.

tonung durch den gesetzgeberischen Akt beweist, von ganz besonderer Wichtigkeit für das öffentliche Interesse sind [1]).

β) Man darf sich nun nicht etwa die Verhältnisse so vorstellen, als ob das Parlament selbst eine ausgedehnte Untersuchungstätigkeit entfaltete. Das Gegenteil hiervon ist richtig. Gewiß wird auch in den Select Committees [2]), die zur Vorbereitung von Gesetzesentwürfen eingesetzt sind, Material gesammelt und verarbeitet. Allein da es sich hierbei doch niemals um Untersuchungsausschüsse handelt, so können diese Arbeiten unberücksicht bleiben. Enqueten werden dagegen vom Parlament nur selten veranstaltet, und das Schwergewicht der öffentlichen Untersuchungstätigkeit liegt völlig bei den Regierungsausschüssen [3]). Es ist, kann man sagen, geradezu erstaunlich, wie gering die Untersuchungstätigkeit des Parlamentes, verglichen mit der Untersuchungstätigkeit anderer staatlicher Organe ist [4]) [5]). Daß Gesetzesausschüsse

---

[1]) Es unterliegt mir keinem Zweifel, daß man in England die Untersuchungen über den Zusammenbruch, die wir bekanntlich einem parlamentarischen Untersuchungsausschuß übertragen haben, einem Tribunal of Inquiry, nicht einem Parlamentsausschuß übertragen hätte.

[2]) Vgl. z. B. den Report on the Post Office (Site) Bill Commons Papers 1926 vol. VII p. 593 et seq.

[3]) Hierauf weist bereits Redlich S. 458 f. treffend hin. Es ist übrigens für den Wechsel, der in der Praxis der letzten Jahrzehnte eingetreten ist, beachtenswert, daß Cohn, ein sehr genauer Kenner der Verhältnisse, 1875 zwar zugibt, daß die tiefsten und umfangreichsten Untersuchungen von Regierungsausschüssen veranstaltet werden, aber doch schreibt: »Die größte Zahl der Untersuchungen wird hingegen allerdings von den beiden Häusern des Parlaments durch Ausschüsse aus ihrer Mitte vorgenommen, namentlich von dem Unterhause.« Parlamentarische Untersuchungen S. 4.

[4]) Folgende Zahlen beweisen. In der Session 1920 enthalten die vol. 6—8 der Commons Papers Committee Reports, vol. 9—26 Commissioner's Reports; die entsprechenden Zahlen sind für 1921 Committees vol. 6—7 Commissioners vol. 8—18, 1922 (1. Session) Committees vol. 4—6, Commissioners vol. 7—10; 1922 (2. Session) Committees — Commissioners vol. 2; 1923 Committees vol. 4—8 Commissioners vol. 7—12; 1924 Committees vol. 5—6, Commissioners vol. 7—12; 1924/25: Committees vol. 6—8 Commissioners vol. 9—15; 1926: Committees vol. 5—7 Commissioners vol. 8—15. Um nun aber die Untersuchungstätigkeit der Committees richtig einzuschätzen, muß man beachten, daß der weitaus größte Teil der Committees Reportsberichte über Ausschußberatungen betreffend Gesetzesvorlagen sind, die hier natürlich außer Betracht zu bleiben haben. Tatsächlich sind nur ganz vereinzelte Enqueten veranstaltet.

[5]) Wir treffen seit 1923 nur selten Enqueten, und zwar 1923 die große Enquete über die Betting duty (Commons Papers 1923 vol. V p. 1—733), dann die ebenfalls bedeutungsvolle Enquete über das Recht der Nationalität verheirateter Frauen (Commons Papers 1923 vol. VII p. 299 bis 500), 1924/25 findet sich ein Report on the expiring Law Continuance (Commons Papers 1924/25 vol. VII p. 721—758) ein Report on the General Nursing Council

nur selten vorkommen, ergibt sich aus dem, was wir bereits früher ausgeführt haben [1]). Andererseits darf allerdings auch nicht übersehen werden, daß, rein politisch betrachtet, das Recht des Parlaments auf Untersuchungen auch heute noch von einer Bedeutung ist, die nicht zu unterschätzen ist. Das beweist der Sturz des Kabinetts im Jahre 1924 [2]).

2. Wenn nun im folgenden die parlamentarischen Untersuchungsausschüsse eingehender untersucht werden sollen, so kann natürlich nicht daran gedacht werden, nur ein Bild darüber zu geben, inwieweit diese Untersuchungsausschüsse in den Dienst der allgemeinen Justizaufsicht, wie sie vom Parlament ausgeübt wird, gestellt sind [3]). Es ist das ja auch nicht nötig; haben wir doch bereits festgestellt [4]), einmal, daß das Recht der Justizaufsicht für das Parlament so gut wie unbeschränkt ist, ferner, daß das Parlament die Möglichkeit hat, alle Fragen der Justizaufsicht mit allen ihm zu Gebote stehenden Mitteln zu behandeln. Andererseits würde eine Darstellung der Untersuchungstätigkeit des Parlaments in Beschränkung nur auf die Justizaufsicht nicht hinreichend sein im Hinblick auf die Fragestellung, von der wir ausgegangen sind [5]). Denn es kann keinem Zweifel unterliegen, daß die Untersuchungstätigkeit eines Parlaments auch dort, wo sie sich nicht auf die eigentliche Justizaufsicht bezieht, also indirekt, die Ausübung der Rechtspflege berühren, ja, mit ihr kollidieren kann [6]). So haben wir das Recht der Parlamentsenqueten allgemein, d. h. losgelöst von der speziellen Frage der Justizaufsicht, zur Darstellung zu bringen, wenn allerdings auch an einzelnen Stellen

(Commons Papers 1924/25 vol. VII p. 779—892), 1926 findet sich endlich nur der allerdings umfangreiche Report on Nursing Houses (registration) (Commons Papers 1926 vol. VII p. 301—580). Das ist alles.

[1]) Vgl. weiter oben S. 99 f.

[2]) Vgl. weiter oben S. 103 Anm. 1.

[3]) Nehmen wir hier die Jahre 1900—1909, so finden wir an Untersuchungen lediglich einen Report on the High Court of Justice (King's Bench Division), Commons Papers 1909 vol. VIII p. 1. Die Untersuchungstätigkeit ist also eine sehr geringe. Historisch ist es übrigens ganz interessant, daß sich schon unter den ersten parlamentarischen Enqueten im eigentlichen Sinn solche finden, die in engster Beziehung zur Ausübung der Rechtspflege stehen. So schließt ein Report aus dem Jahre 1689 mit der Bitte an die Krone, das Strafverfahren gegen eine bestimmte Person einzuleiten. Hatham, History of England vol. III p. 143; Anson vol. I p. 397

[4]) Vgl. weiter oben S. 60 f.

[5]) Vgl. weiter oben S. 21 f.

[6]) Vgl. die zutreffenden Ausführungen von Alsberg, 34. Deutscher Juristentag Bd. I S. 348.

besondere Hinweise eben auf die Rechtspflege sich nicht werden vermeiden lassen [1]).

II. 1. a) *a*) Wenden wir uns nunmehr den parlamentarischen Ausschüssen im einzelnen zu, so ergibt sich die Zuständigkeit des Parlaments zur Vornahme von Untersuchungen aus seiner Zuständigkeit schlechthin. So weit diese reicht, so weit reicht prinzipiell die Möglichkeit, Enqueten jeder Art zu veranstalten. Und zwar können diese Untersuchungen sowohl genereller, zur Vorbereitung von Gesetzen dienender Natur sein (es wird z. B. das englische Recht in bezug auf die Nationalität verheirateter Frauen untersucht [2])); sie können aber auch speziell zur Aufklärung bestimmter Vorfälle dienen, d. h. sich mit einzelnen Vorkommnissen, ja, mit dem Verhalten einzelner Personen beschäftigen [3]). Daß hierbei auch Tatbestände in Frage

[1]) Es dürfte nicht ohne Interesse sein, die Auffassung Todds zu der Frage parlamentarischer und anderer Enqueten kennen zu lernen. Er sagt vol. II p. 431 et seq.: »But a resort to parliamentary committees in such cases is sometimes objectionable, as it may tend to diminish the responsibilty which properly belongs to the advisers of the crown. This method of enquiry, more over, is open to the inconvenience of having to be conducted under the pressure and distraction of the parliamentary duties: and it has often happened that after a protracted investigation into a particular subject, a parliamentary committee has been obliged to abandon the attempt to complete the enquiry to its non satisfaction, and has recommended that a royal commission should be appointed, which could bestow a more thorough and undivided attention upon it. Preliminary enquiries by a royal commission are of inestimable service to the working of parliamentary government. Besides affording peculiar facilities for ascertaining facts, they frequently bring to light a mass of information upon the subject in hand which could be obtained in no other way, and the report of an able and impartial commission is often of the highest value in the instruction and enlightenment of the public mind.«

[2]) Commons Papers 1923 vol. VII p. 299 et seq. Vgl. auch Anson vol. I p. 399.

[3]) In dieser Hinsicht mögen drei bekannte Enqueten erwähnt werden. Die eine betrifft den Jameson raid (der Auftrag lautete: »to inquire into the origin and circumstances of the incursion into the South African Republic by an armed force and into the administration of the British South Africa Company . . .«); sie sollte in erster Linie die Verantwortlichkeit und Mitwirkung von Cecil Rhodes und Chamberlain an dem Einfall feststellen. Vgl. den Special Report hierüber Commons Papers 1897 vol. IX p. 3 et seq. Die zweite Enquete betrifft den Marconifall, bei dem Aktienkäufe führender Mitglieder des Parlaments in Frage standen. Vgl. Commons Papers 1913 vol. VII p. 97. Die dritte endlich ist die sogenannte Putumayo-Enquete. Hier hatte die Kommission den Auftrag erhalten, »to inquire, whether any responsibility rests upon the British directors of the Perubian Amazon Company in respect of the atrocities in the Putumayodistrict and whether any changes into the Law are desirable to prevent the machinery of the Companies Acts being used in connection with similar practices in foreign countries Commons Papers 1912/13 vol. IX p. 321«. Man beachte, wie namentlich in der 3. Enquete der rein persönliche Untersuchungsgedanke mit dem

kommen können, die von Bedeutung für ein gerichtliches Verfahren sind, kann nicht einen Augenblick in Frage gestellt werden. Allein hier greift dann gerade jener Satz ein, den wir früher bereits kennengelernt haben, und auf den wir in diesem Zusammenhang einfach verweisen können, daß eine Sache, d. h. ein historischer Tatbestand sub judice nicht zum Gegenstand einer parlamentarischen Untersuchung gemacht werden kann. Ein Nebeneinander von gerichtlicher und parlamentarischer Untersuchung ist mithin völlig ausgeschlossen. Ja, man wird den weiteren Satz aufstellen können, daß eine parlamentarische Untersuchung einzustellen ist, wenn während ihrer Dauer eine gerichtliche Untersuchung über denselben historischen Tatbestand eröffnet wird. Denn da das Gericht trotz der parlamentarischen Verhandlung das Verfahren eröffnen kann, ja, unter den Umständen eröffnen muß, da aber das Parlament Gegenstände sub judice niemals verhandeln kann [1]), gleichgültig, wann die Gerichtshängigkeit eingetreten ist, so ergibt sich, daß die gerichtliche Untersuchung stets den Vorrang hat, mithin das Parlament dem Gericht insoweit den Vortritt zu lassen hat [2]). Andererseits aber schließt die Möglichkeit demnächstiger Rechtshängigkeit die parlamentarische Untersuchung nicht aus, wie wir ebenfalls bereits bemerkt haben [3]), ja, es kann das Ziel der letzteren gerade sein, die Verantwortlichkeit bestimmter Personen für bestimmte Vorfälle festzustellen, um gegebenen Falles ein Einschreiten im Wege des Gerichtsverfahrens gegen sie in die Wege zu leiten [4]). Ferner kann jede abgeurteilte Sache vom Parlament nachgeprüft werden, unter Umständen selbst auf die Richtigkeit der Entscheidung hin, wenn z. B. eine Untersuchung über die Tätigkeit bestimmter Gerichte oder eines bestimmten Gerichtes angeordnet werden sollte, eine Untersuchung, die an sich durchaus zulässig ist [5]) [6]).

Gedanken, aufgedeckte Mißstände in gesetzgeberischer Hinsicht zu verwenden, Hand in Hand geht. Man darf aber nicht annehmen, daß der legislative Zweck der allein maßgebende sei. Das ist nicht der Fall. In diesem Zusammenhang sind endlich auch die Untersuchungen in den Disziplinarverfahren gegen Richter zu erwähnen.

[1]) Emden, Principles of British Constitutional Law p. 165.

[2]) Man beachte, daß die Jameson-Raid-Enquete erst am 29. 1. 1897 eingesetzt ist; ihr erster Bericht ist am 13. 7. 1897 zum Druck gekommen. 4 H. D. vol. 152 p. 762 et seq. Übrigens ging der Antrag auf Untersuchung von der Regierung aus.

[3]) Vgl. weiter oben S. 76.

[4]) Vgl. hierzu auch oben Anm. 2.

[5]) Derartige Untersuchungen kommen übrigens auch bei Regierungsausschüssen vor. Vgl. den Bericht der Home Office Commission über den Edalgifall, Commons Papers 1907 vol. 67 p. 405 et seq.

β) Die Zuständigkeit des Parlamentsausschusses wird durch einen inhaltlich genau bestimmten Auftrag, den das Parlament beschließt, begründet. An diesen Auftrag ist der Ausschuß unbedingt gebunden, wie er denn überhaupt als Ausschuß des Parlaments stets von diesem abhängig ist und bleibt. Das Haus kann infolgedessen die Tätigkeit des Ausschusses auch weiterhin bestimmen. Es kann den erteilten Auftrag erweitern, andererseits aber auch beschränken, oder sogar ganz zurückziehen [1]). Handelt es sich um ein Joint Committee, so können natürlich derartige nachträgliche Anordnungen nur durch beide Häuser gemeinschaftlich erteilt werden, was namentlich in Hinblick auf die Erweiterung des Auftrages von Bedeutung ist [2]). Will der Ausschuß selbst seine Kompetenz erweitern, so muß er sich, da er von sich aus vorzugehen kein Recht hat [3]), an das Haus mit einem Antrag auf Erweiterung seiner Aufgabe wenden.

γ) Diese Zuständigkeit des Ausschusses, begründet durch den Auftrag des Hauses (Order of Reference), verhilft nun aber dem Ausschuß an sich noch nicht zu der Möglichkeit, die Aufklärung der in Frage stehenden Angelegenheiten wirklich durchführen zu können. Die ihm hierzu noch fehlenden Machtbefugnisse, Zeugen und Sachverständige zu laden, die Heranziehung von Akten und Urkundenmaterial anordnen zu können, müssen ihm durch einen besonderen Beschluß des Hauses verliehen werden [4]), da sie dem Ausschuß als

---

[6]) Emden, Principles of British Constitutional Law p. 165, 166: »There is no special machinery provided for inquiry by the Legislature into the administration of justice by the Judiciary. But, if necessity arises, the appropriate method appears to be the appointment of a Committee of Inquiry, after the analogy into the governmental operations of the Executive. An early example of the adoption of this method was the appointment of a Committee of the House of Commons in 1620, during the exercise by Francis Bacon, Lord Verulam, of the office of Lord Chancellor, to inquire »in the abuses of Court«. More lately a Committee of Inquiry was appointed by the Legislature, in 1864, to investigate the administration of justice in the Bankruptcy Court.«

[1]) Commons Journals vol. 88 p. 110, 286. Vgl. auch E. May p. 469.

[2]) Kommt es nicht zu einer Einigung der Häuser, so bleibt es beim ersten Auftrag. Zieht nur eines der Häuser seine Zustimmung zu der gemeinsamen Untersuchung zurück, so muß diese allerdings eingestellt werden.

[3]) Vgl. etwa Beckermann, Parlamentarische Kontrolle S. 45 f, namentlich aber Redlich S. 461, der durchaus mit Recht darauf hinweist, daß der Auftrag, die sogenannte Order of Reference, strikt durchgeführt und eng interpretiert werden muß, da der Auftrag des Committee stets ein Spezial-, niemals aber ein Generalauftrag ist. Unzutreffend Hatschek Bd. I S. 413, dessen Hinweis auf E. May 104. Ed. p. 394 mir unverständlich ist. May sagt ganz unmißverständlich: »No resolution or amendment may be proposed, which is not within the order of reference.«

[4]) E. May p. 474; Redlich S. 456.

solchen nicht zustehen. Das Haus aber ist nicht gezwungen, dem Ausschuß derartige Machtvollkommenheiten zu verleihen, gewährt aber die Möglichkeit ganz regelmäßig [1]). Mit der Verleihung des Rechtes, Zeugen zu laden, ist übrigens gleichzeitig das Recht gegeben, die vernommenen Zeugen nach Maßgabe der gesetzlichen Bestimmungen zu vereidigen. Wir werden auf diesen Punkt noch zurückkommen [2]).

δ) Der Auftrag weist den Ausschuß an, eine bestimmte Angelegenheit zu untersuchen und über das Ergebnis seiner Untersuchungen dem Haus zu berichten. Wie sich nun der Ausschuß seines Auftrages erledigt, welche Zeugen er vernehmen will, wann er seine Untersuchung für hinreichend durchgeführt ansieht, das zu entscheiden steht alles in seinem freien Ermessen. Allein auch hier kann das Haus eingreifen und kann dem Ausschuß bindende Anweisungen das Verfahren betreffend geben. So kann ihm auferlegt werden, über einen Teil der Untersuchungsergebnisse in einem Special Report zu berichten; Material, das sich im Besitz des Hauses befindet, kann ihm zur Berücksichtigung überwiesen werden, und es können ihm endlich zweifellos auch Anweisungen gegeben werden, bestimmte Personen zu vernehmen [3]). Eines aber kann das Haus niemals: sachlich in die Untersuchung seinerseits eingreifen oder selbständig zu der Tatfrage Stellung nehmen, ehe die Untersuchung im Ausschuß abgeschlossen ist [4]). Denn das Haus hat die Sache, die es an ein Select Committee zur Untersuchung überwiesen hat, für sich selbst aus der Hand gegeben. Aufgabe des Ausschusses ist es, die ihm gestellten Fragen in objektiver Weise zu beantworten, und es ist zweifellos eine der ersten Forderungen, die an einen der-

[1]) E. May p. 474. Ausnahmen kommen indessen vor.

[2]) Als Beispiel mag die Order of Reference für den Marconiausschuß (Commons Papers 1913 vol. VII p. 96) dienen: »Ordered, that a Select Committee be appointed to investigate the circumstances connected with the negotiation and completion of the agreement between Marconi's Wireless Telegraph Company Limited, Commendatore Gugliemo Marconi and the Postmaster General, with regard to the establishment of a chain of Imperial Wireless Stations, and to report thereupon, and whether the agreement is desirable and should be approved. Committee accordingly nominated of . . . . Ordered, that the Committee have power to send for persons, papers and records. Ordered, that the Committee have power to hear counnsel to such extent as they shall see fit. Ordered, that Five be the quorum.«

[3]) E. May p. 469 sagt: »On the other hand, mandating instructions have been given . . . . prescribing the course of their proceedings«. Commons Journals vol. 99 p. 284; vol. 102 p. 24.

[4]) Sehr mit Recht spricht Redlich S. 459 von einer quasi-judiziellen Tätigkeit der Ausschüsse. Auch Beckermann, Parlamentarische Kontrolle S. 47, betont die judizielle Tätigkeit der Ausschüsse besonders.

artigen Ausschuß gestellt werden müssen, in objektiver Weise, ohne durch Parteiinteressen beeinflußt zu sein, eine Aufgabe zu erledigen, deren Erledigung nur dann von Bedeutung sein kann, wenn völlige Objektivität garantiert ist. Man muß sagen, daß dieser Forderung die Praxis entspricht, und es ist beachtenswert, daß (um nur ein allerdings besonders wichtiges Beispiel hervorzuheben) der Ausschuß über den die öffentliche Parteimeinung in England so lebhaft erregt habenden Jameson Raid zu einstimmigen, äußerst bedeutungsvollen Schlußfolgerungen gekommen ist [1] [2]. Im Rahmen des Auftrages ist mithin der Ausschuß sachlich unabhängig; formell aber untersteht er den Weisungen des Hauses in den im Vorstehenden geschilderten Grenzen.

b) Der Untersuchungsausschuß, das Select Committee ist ein Ausschuß des Hauses, er kann mithin nur aus Mitgliedern des Hauses bestehen und kann nur durch einen Beschluß des Hauses gebildet werden.

α) Die Einsetzung eines Select Committee erfolgt durch einfachen Mehrheitsbeschluß des Hauses. Ein Recht der Minderheit, die Einsetzung eines Untersuchungsausschusses herbeiführen zu können, besteht nicht. Man kann auch nicht sagen, daß etwa eine parlamentarische Gewohnheit bestände, dem Antrag auf Untersuchungsausschuß, falls er von der Opposition gestellt wird, eben schon deshalb, weil er von der Opposition gestellt ist, entgegenzukommen. Das ist nicht der Fall. Gerade hier zeigt sich deutlich die Tendenz des englischen Parlamentsrechtes, nicht dem Schutz der Minderheiten zu dienen, sondern im Parlament ein Rüstzeug für eine starke Regierung zu schaffen [3], wie ja denn im englischen Staatsrecht immer wieder die Ermöglichung eines starken Staats-

---

[1]) Commons Papers 1897 vol. IX p. 3.

[2]) Dasselbe gilt, und hier ist es vielleicht noch beachtenswerter, hinsichtlich des Marconiberichtes. Hier waren dem Lord Chancellor, dem Attorney General und dem Postmaster General schwere Vorwürfe hinsichtlich des Ankaufs von Marconiaktien gemacht. Der Ausschuß kam einstimmig zu der Auffassung: »On the whole matter relating to the conduct of Ministers which have come before the Committee, the Committee finds that all the Ministers concerned have acted throughout in the sincere belief that there was nothing in their action which would, in any way conflict with their duty as Ministers of the Crown«. Es kann nicht geleugnet werden, daß ein derartiges Untersuchungsverfahren betreffend das Verhalten von Ministern einem Verfahren vor einem parlamentarischen Staatsgerichtshof überaus ähnlich ist. Vgl. übrigens Commons Papers 1913 vol. VII p. 97 et sec. Vgl. übrigens auch Redlich S. 452.

[3]) Vgl. die trefflichen Ausführungen Redlichs S. 249, denen ich mich nur völlig anschließen kann.

willens der leitende Gesichtspunkt ist [1]). Dünkt mithin der Regierung eine Untersuchung notwendig, sei es auch nur aus taktischen Erwägungen heraus, so wird sie selbst den Antrag auf Einsetzung eines Select Committee stellen [2]); steht sie auf anderem Standpunkt, so wird sie ohne jede Rücksicht auf die Opposition die Einsetzung zu verhindern suchen.

Was die Einsetzung von Joint Committees betrifft, so setzt das Haus, von dem die Initiative ausgeht, ein Select Committee ein. Es wird dann das andere Haus aufgefordert, die gleiche Anzahl von Mitgliedern in dies Committee zu entsenden. Es kann aber auch zunächst in einer Resolution die Notwendigkeit eines Joint Committee für eine bestimmte Angelegenheit ausgesprochen werden; die Resolution wird dann dem anderen Haus mitgeteilt. Tritt dieses ihr bei, so erfolgt die Wahl der Mitglieder in jedem Haus getrennt [3]).

β) Die Select Committees bestehen in der Regel aus 15 Mitgliedern im House of Commons, während im House of Lords über die Anzahl der Mitglieder nichts bestimmt ist. Soll das Committee mehr als 15 Mitglieder haben, so bedarf es im House of Commons eines ausdrücklichen Beschlusses des Hauses [4]). Die Mitglieder müssen Mitglieder des Parlaments sein. Doch ist zu beachten, daß die Committees des House of Lords das Recht haben, Richter und Rechtsanwälte als sachverständige Berater heranzuziehen [5]). Den Committees kann das Recht verliehen werden, Hilfskräfte heranzuziehen [6]).

[1]) Man denke etwa an das englische Wahlrecht. Auch hier ist der Grundgedanke die Ermöglichung einer starken Majorität zur Ermöglichung eines dauernden Staatswillens, ein Gedanke, dem gegenüber der rein individualistische Gedanke auf Schutz der Minoritäten ganz zurücktritt. Leider ist im deutschen Staatsleben alles anders. Trotz gelegentlicher phraseologischer Wendungen tritt entscheidend so im Wahlrecht, so im Parlamentsrecht der Gedanke des Minoritätenschutzes ganz ungebührlich in den Vordergrund, eine Tatsache, die sich im wesentlichen wohl nur historisch aus den Verfassungskämpfen des 19. Jahrhunderts begreifen läßt.

[2]) So hat bei der Untersuchung des Jameson Raid die Regierung den Antrag auf Einsetzung eines Select Committee gestellt. 4 H. D. vol. 152 p. 762.

[3]) E. May p. 490.

[4]) Standing Orders 55. Ebenso, wenn ein Wechsel in den Mitgliedern eintreten soll. Selbstverständlich kann jedes Ausschußmitglied jederzeit aus dem Ausschuß austreten. Vgl. Beispiele über größere Committees, Commons Journals vol. 107 p. 168; vol. 108 p. 284; vol. 179 p. 77 u. a. m.

[5]) E. May p. 470. Als Anwälte kamen natürlich nur Barristers in Frage.

[6]) Vgl. E. May p. 475 mit interessanten Beispielen aus der Praxis. So war 1888 ein Committee des House of Lords bevollmächtigt, Erhebungen an Ort und Stelle durch einen Beauftragten, der nicht Mitglied des Hauses war, vornehmen zu lassen.

γ) Die Bestimmung der Mitglieder erfolgt im House of Lords nach Maßgabe einer Liste der Reihe nach, doch kann auch im einzelnen Fall Wahl durch das Haus stattfinden [1]). Im House of Commons erfolgt die Bestimmung der Mitglieder durch Wahl, falls nicht das Haus die Wahl einem seiner Organe überträgt, so z. B. dem Committee of Selection [2]). Will aber der Antragsteller neben seinem Antrag auf Einsetzung eines Untersuchungsausschusses gleichzeitig den Antrag auf Wahl bestimmter Mitglieder des Hauses stellen, so muß er sich vorher darüber vergewissern, ob die genannten Personen bereit sind, gegebenenfalls dem Committee beizutreten, da eine Verpflichtung, einem Committee beizutreten, für die einzelnen Mitglieder des Hauses nicht besteht [3]). Die Namen der Vorgeschlagenen sind dem Haus rechtzeitig, d. h. mindestens einen Tag vor der Beschlußfassung, bekanntzugeben [4]).

δ) Beschluß- und Verhandlungsfähigkeit des Committee setzt im allgemeinen die Anwesenheit von mindestens 5 Mitgliedern voraus. Allerdings wird die erforderliche Anzahl durch die Order of Reference festgesetzt, so daß, wenn diese schweigt, Anwesenheit sämtlicher Mitglieder notwendig ist. Allein es wird, wie gesagt, meist in den Orders die Beschlußfähigkeit (quorum) von der Anwesenheit von fünf Mitgliedern abhängig gemacht [5]). Ist die zur Beschlußfähigkeit

---

[1]) Standing Orders Lords 50. E. May p. 469.

[2]) Vgl. Redlich S. 452 und E. May p. 471, 472, der noch andere Möglichkeiten erwähnt. Interessant sind die Ausführungen Todds, der darauf hinweist, einmal, daß die Auswahl der Mitglieder fast immer in informellen Verhandlungen zwischen den Parteien erfolgt, ferner, daß die Parteiverhältnisse in der Art berücksichtigt werden, daß die Regierungspartei eine Stimme Majorität erhält, endlich daß ausgeprägte Parteivertreter bei der Wahl berücksichtigt werden, da im Kampf der Gegensätze die Wahrheit sich am besten ermitteln lasse. Allerdings steht Todd der Unparteilichkeit der Ausschüsse nicht ohne Zweifel gegenüber. Er beruft sich in dieser Hinsicht auf Ausführungen in der Edinborough Review vol. 108 p. 290. Vgl. Todd vol. I p. 429 et seq. Von seinen Ausführungen sind die folgenden beachtenswert genug, um wörtlich angeführt zu werden: »As a rule strong partisans on each side are knowingly and advisedly chosen, in order that truth might be decided from the conflict of opposite men and, it might be, interested opinions. If such committees consisted wholly of impartial men, their investigations would be most unsatisfactory.« Vgl. ferner 3 H. D. vol. 162, 1012; vol. 187, 1364; vol. 202 p. 596.

[3]) Standing Orders 55, 56. Wenn aber jemand Mitglied eines Commitee geworden ist, so besteht z. B. moralische Verpflichtung zur Mitwirkung. Es finden sich Fälle, in denen das Committee verpflichtet wurde, an das Haus zu berichten, falls ein Mitglied 2 Sitzungen versäumt hatte. E. May p. 473.

[4]) Standing Orders 57.

[5]) E. May p. 473; Redlich S. 453; Hatschek S. 412.

erforderliche Anzahl von Mitgliedern nicht vorhanden, so muß Vertagung von Amts wegen eintreter [1]).

ε) Jedes Committee wählt sich selbst einen Chairman, der seinerseits einen Vertreter ernennen kann. Außerdem muß ein Clerk bestimmt werden; die Wahl erfolgt durch den Chairman [2]). Im House of Lords muß allerdings das Recht zur Wahl eines Chairman dem Committee ausdrücklich übertragen werden. Ist das nicht geschehen, so ist Chairman der Chairman of Committees kraft seines Amtes [3]).

Endlich kann ein Committee Unterausschüsse, jedoch nur mit Genehmigung des Hauses einsetzen [4]).

2. a) Was nun das Verfahren selbst betrifft, so ist allgemein von den Verhandlungen im House of Commons auszugehen. Wichtigere Abweichungen für das Verfahren im House of Lords werden besonders hervorgehoben.

α) Die Verhandlungen können nur stattfinden an Tagen, an denen das Haus sitzt, ohne Rücksicht aber darauf, ob gleichzeitig eine Verhandlung des Hauses stattfindet. Nur während des Gebets im Haus darf eine Verhandlung nicht stattfinden [5]). Auf Grund besonderer Ermächtigung, die dem Ausschuß generell ein für allemal oder speziell für einzelne Tage erteilt werden kann [6]), können Verhandlungen auch während der Vertagung des Hauses stattfinden [7]). Daß mit Schluß der Session [8]) oder gar mit Auflösung des Hauses die Tätigkeit auch eines Select Committee aufhört, ist selbstverständlich, da sich seine Rechte aus denen des Hauses ableiten und daher nie weitergehen können als diese. Ausnahmen bedürfen

[1]) Dies ist z. B. dann der Fall, wenn sich das Committee nur aus fünf Mitgliedern zusammensetzt.

[2]) Hatschek Bd. I S. 414; E. May p. 478. Erfolgt keine Einigung, so entscheidet Mr. Speaker. Der Clerk wird vom Büro des Clerk of the House gestellt, der auch für die erforderlichen Stenographen zu sorgen hat.

[3]) E. May p. 470.

[4]) E. May p. 473, 474.

[5]) Standing Orders 54.

[6]) E. May p. 480. Es kommen auch Generalermächtigungen vor, wonach alle Committees für den Rest der Session auch während einer Vertagung des Hauses Sitzungen abhalten können. Commons Journal vol. 147 p. 390; vol. 150 p. 394. Standing Order 54 gibt jedoch keine generelle Ermächtigung, sondern besagt nur, daß eine Vertagung des Hauses während einer Sitzung eines Committee die letztere nicht unterbricht. E. May p. 480 n. 2.

[7]) Redlich S. 454 f.

[8]) Vgl. über die Bedeutung des Schlusses der Session Redlich S. 320—323, insbesondere S. 322. Die Wirkung besteht in der völligen Unterbrechung der parlamentarischen Tätigkeit, so daß Nichtvollendetes späterhin nicht fortgesetzt werden kann.

gesetzlicher Anordnung [1]). Wann aber das Committee nunmehr verhandeln will, untersteht seiner eigenen Bestimmung. Hier ist nichts weiter zu bemerken, die Zweckmäßigkeit ist ausschlaggebend.

β) Was den Stizungsort anbelangt, so kommt natürlich in erster Linie das Parlamentsgebäude in Betracht. Es können aber die Committees Sitzungen auch an anderen Orten abhalten, sie bedürfen hierzu jedoch der Genehmigung des Hauses, die wiederum speziell für den Einzelfall oder generell ein für allemal erteilt werden kann [2]). Ist eine derartige Genehmigung erteilt, so kann das Committee an jedem beliebigen Ort tagen.

γ) Während es im House of Lords völlig in das Belieben des Committee gestellt ist, ob es öffentlich verhandeln will oder nicht, ist im House of Commons die Verhandlung prinzipiell öffentlich [3]). Allerdings sind von diesem Grundsatz weitgehende Ausnahmen zugelassen, die indessen für die Praxis von nicht allzugroßer Bedeutung sind, da der Engländer die Öffentlichkeit nicht fürchtet. Einmal nämlich kann das Haus die Öffentlichkeit dadurch von vornherein ausschließen (dies gilt für beide Häuser), daß es einen Geheimausschuß, ein sogenanntes Secret Committee einsetzt, zu dessen Verhandlungen dann auch die übrigen Mitglieder des Hauses keinen Zutritt haben [4]). Ferner kann das Comittee selbst jederzeit, falls ihm dieses erforderlich erscheint, die Verhandlungen für geheim erklären. Wenn auch eine Möglichkeit nicht besteht, die nicht dem Committee angehörigen Parlamentarier von den Sitzungen des Ausschusses auszuschließen, so besteht doch für alle Mitglieder des Hauses die Anstandspflicht, sich von den Verhandlungen fernzuhalten [5]). Sollte aber das Haus selbst nachträglich Nichtöffentlichkeit beschließen, wozu es jederzeit berechtigt ist, so ist auch rechtlich den Mitgliedern des Hauses der Zutritt untersagt.

[1]) Gegen die unbequemen Wirkungen des Sessionsschlusses hilft man sich so, daß das Committee in einem Schlußbericht die Wiederbildung des Committee in der nächsten Session empfiehlt. Geschieht dies, was ganz üblich ist, so werden die Ermittlungen des früheren Committee dem neugebildeten Committee vorgelegt, das sie benutzen kann. So überwindet man die Härten von Formalitäten, deren innerer Grund übrigens nicht recht einzusehen ist.

[2]) E. May p. 479, 480; Fromageot, Commissions politiques p. 22 s.

[3]) E. May p. 475—477; Redlich S. 460; Cohn, Parlamentarische Untersuchungen S. 27, welch' letzterer mit Recht darauf hinweist, daß bei den Verhandlungen in den Ausschüssen des House of Lords Öffentlichkeit selten besteht; Fromageot, Commissions politiques p. 22.

[4]) E. May p. 476.

[5]) Redlich S. 460.

Selbstverständlich besteht aber die Öffentlichkeit nur während den Verhandlungen vor dem Committee, also namentlich während den Beweiserhebungen resp. den Ausführungen eines zugelassenen Rechtsanwaltes. Währen den Beratungen dagegen, die entweder nach Abschluß der Verhandlungen oder, wenn sich eine Zwischenentscheidung nötig macht, auch während den Verhandlungen stattfinden können [1], ist jede Öffentlichkeit ausgeschlossen. Allerdings besteht für Mitglieder des Hauses auch hier keine Rechtspflicht, sich, falls sie anwesend sind, zu entfernen, wohl aber eine Anstandspflicht. Entsteht ein Konflikt, so kann das Committee selbst nicht entscheiden, sondern muß sich an das Haus wenden, dem dann die Entscheidung zusteht [2].

Der Ausschluß der Öffentlichkeit bedeutet für die Mitglieder des Committee keine Schweigepflicht [3], wohl aber besteht ein unbedingtes Verbot sowohl für die Mitglieder als auch Nichtmitglieder des Hauses, vor dem Bericht des Committee an das Haus Teile der Beweiserhebungen oder Urkundenmaterial, das dem Committee vorgelegt ist, zu veröffentlichen. Ebenso ist der Report des Committee vor Veröffentlichungen geschützt, bevor er dem Haus vorgelegt ist [4].

b) Das Verfahren selbst ist Ermittlungs- und Beurteilungsverfahren; denn selbstverständlich erhält ein Committee nicht nur den Auftrag, eine Sache zu ermitteln, sondern es hat stets auch den ermittelten Tatbestand zu beurteilen, d. h. diejenigen Schlußfolgerungen im einzelnen aus dem festgestellten Tatbestand zu ziehen, die ihm sich zu ergeben scheinen.

α) Beginnen wir mit dem Ermittlungsverfahren, in dem ja na-

[1]) E. May p. 476 n. 1.

[2]) E. May p. 477 führt aber doch folgendes aus: »As members cannot be excluded from a committee room by the authority of the committee, if the occasion should arise, the committee must apply to the house for power to effect their exclusion. At the same time, it may be observed, that such applications are not favourably entertained by the house.« Vgl. die zahlreichen Zitate ebendort n. 5.

[3]) Vgl. Lord Colchester, Diary and Correspondence of Charles Abbot vol. 1 p. 91: »In the course of the debate« (9th march 1797); »Mr. Fox and Mr. Grey both stated distinctly and expressly, and without contradiction, that the nature of a Committee of Secrecy was only that it excluded from their proceeding all strangers; but that the Members of the Committee were no otherwise bound to individual secrecy out of the Committee, than as their own sense of duty or propriety might suggest, according to the nature and object of their inquiry«. Dieser Satz ist heute noch anerkannte Praxis. Vgl. E. May p. 478 n. 1.

[4]) Vorzeitige Veröffentlichung wird als breach of privileges angesehen und kann daher streng bestraft werden. 4 H. D. vol. 28 p. 1257; E. May p. 83, 482, 483.

türlich das Schwergewicht der öffentlichen Enquete liegt [1]), so entsteht hier zunächst die Frage, welches Beweismaterial herangezogen werden kann, und welche Tatsachen ermittelt werden müssen. Die letzte Frage beantwortet sich ohne weiteres aus der Order of reference. Dabei mag sofort hervorgehoben werden, daß es, da das Prinzip der freien Beweiswürdigung unbedingt gilt, vom Ermessen des Committee abhängt, wann es einen Tatbestand als festgestellt ansehen will, wann nicht. Die Frage, in welchem Umfang Beweismaterial herangezogen werden soll, mit welchem Beweismaterial Tatsachen bewiesen werden sollen, wird von dem Committee ebenfalls nach freiem Ermessen entschieden [2]). Ist aber eine Privatperson in eine Enquete verwickelt [3]), so hat diese die Möglichkeit, ihrerseits Beweismaterial einzuführen. Allerdings muß dies zunächst vom Committee zugelassen werden, und ein unbedingtes Recht, daß das von dieser Seite angebotene Material erhoben wird, besteht somit nicht. Immerhin wird man aber als Praxis feststellen können, daß alle angebotenen Beweise, sofern sie relevante Tatsachen betreffen, ohne weiteres erhoben werden [4]).

Als Beweismittel kommen Zeugen [5]) und Urkunden aller Art in Frage.

Beginnen wir mit den Zeugen, so erfolgt die Ladung durch den Chairman des Committee, falls es sich nicht um Personen handelt, die sich in den Kolonien oder den Dominions aufhalten. Hier erfolgt die Ladung durch den Staatssekretär, oder es kommt zur schriftlichen Vernehmung im Wege des Rechtshilfeverfahrens [6]). Erscheinen die Zeugen nicht, so hat das Committee dem Haus zu berichten, das, da Nichtbefolgung der Ladung Contempt gegen das Haus darstellt, Bestrafung eintreten lassen kann [7]). Der Zwang zum Erscheinen

[1]) Sehr mit Recht weist Cohn, Parlamentarische Untersuchungen S. 24 f., darauf hin, daß das wertvollste Material der öffentlichen Enqueten in den Zeugenaussagen liegt.

[2]) Wir gehen hier und in der folgenden Darstellung davon aus, daß das Committee unbeschränktes Ermittlungsrecht vom Haus übertragen bekommen hat.

[3]) Man denke z. B. an die Select Committees in dem Disziplinarverfahren gegen Richter.

[4]) Vgl. hierzu auch Cohn, Parlamentarische Untersuchungen S. 13 ff., der darauf hinweist, daß das Committee bei Beweisangeboten stets bereitwilligst die angebotenen Beweise erhebt, ja oft spontan zu Beweisanerbieten auffordert.

[5]) Unter Zeugen sind hier stets auch Sachverständige mit zu verstehen. Die prozessuale Trennung beider Begriffe ist dem englischen Recht fremd.

[6]) E. May p. 474.

[7]) E. May p. 84, 474.

besteht übrigens auch für Mitglieder des Hauses, die ebenfalls als Zeugen vernommen werden können.

Was die Verpflichtungen der Zeugen zur Aussage betrifft, so greifen zwar, wie wir bereits früher ausgeführt haben [1]), die Vorschriften des allgemeinen Beweisverfahrens im Enqueteverfahren nicht ein. Allein man wird annehmen können, daß sie doch im allgemeinen zur Anwendung gelangen, und so mag an dieser Stelle kurz auf sie eingegangen werden [2]). Danach haben Richter, allerdings nur solche der höheren Gerichte, ein unbedingtes Zeugnisverweigerungsrecht bezüglich der von ihnen geführten Verhandlungen. Ebenso können Grand Jurors niemals über die Verhandlungen der Grand Jury vernommen werden, da sie auf Verschwiegenheit vereidigt werden. Auch können die gewöhnlichen Geschworenen [3]) niemals über ihre Beratungen und Abstimmungen gehört werden [4]). Es dürfte keinen Augenblick zweifelhaft sein, daß diese Sätze auch für das Enqueteverfahren zur Anwendung gelangen. Rechtsanwälte beider Kategorien [5]) können die Aussage verweigern über die vertraulichen Besprechungen mit ihren Klienten [6]). Ehegatten ferner sind aussageverweigerungsberechtigt über Mitteilungen, die sie sich gegenseitig gemacht haben. Niemand ist des weiteren gezwungen, auszusagen, wenn seine Aussage ihn in strafrechtlicher Hinsicht belasten würde [7]). Und endlich (und dieser Fall dürfte einer der wichtigsten sein) haben Staatsbeamte das Recht, die Aussage über Staatsgeheimnisse und vertrauliche Dienstangelegenheiten zu verweigern, wie denn auch (wir werden auf diesen Punkt noch zurückkommen [8])) vertrauliche Akten der Regierung nicht vorgelegt zu werden brauchen [9]). Allein offenbar kommen wir hier an eine Grenze für diese Regeln, eine Grenze, die sich aus der

[1]) Vgl. weiter oben S. 82 f.

[2]) Vgl. insbesondere Halsbury vol. XIII p. 570—576. Daß bestimmte Personen überhaupt unfähig sind, als Zeugen vernommen zu werden (Kinder, Geisteskranke usw.), braucht hier nicht weiter erwähnt zu werden.

[3]) Bezüglich des Unterschiedes zwischen Grand und Petty Jurors vgl. Gerland S. 71.

[4]) Halsbury vol. XIII p. 571. Ein Arbitrator darf nicht über die Gründe seiner Entscheidung gefragt werden.

[5]) Barristers und Solicitors. Bezüglich dieses Unterschiedes vgl. Gerland S. 888 ff.

[6]) Halsbury vol. XIII p. 571.

[7]) Die Ausnahme wird einschränkend ausgelegt. Halsbury vol. XIII p. 574 et seq.

[8]) Vgl. weiter unten S. 120 f.

[9]) Halsbury vol. XIII p. 572: »Secrets of state, state papers, confidential official documents and communications between Government and its officers are privileged from disclosure«.

Unbeschränktheit der parlamentarischen Kontrollbefugnis von selbst ergibt. Gilt sie (und daß sie gilt, unterliegt keinem Zweifel), so gibt es keine vorbehaltene Geheimnissphäre für die Regierung im Verhältnis zum Parlament. Will das Parlament alles wissen, so hat es das Recht, alles zu erfahren [1]), und dies gilt auch für Staatsgeheimnisse, für die ja dann auch gerade die Secret Committees die geeignete Form darstellen, dem Parlament die nötigen Aufklärungen zu verschaffen. Man wird daher nicht annehmen können, daß das Parlament im Notfall vor derartigen Einwänden haltmachen wird, und die Dinge liegen bei der Vernehmung von Beamten wesentlich anders als bei der Vernehmung von Richtern höherer Gerichtshöfe; letztere ist auch für das Parlament unzulässig, und zwar schon mit Rücksicht auf die Respektsstellung eben dieser Richter [2]).

Wenn nun aber ein Zeuge seine Aussage zu Unrecht verweigert, so kann das Committee wiederum nur an das Haus berichten, da ihm direkte Zwangsmittel fehlen. Dieses aber kann bestrafen, da auch die Aussageverweigerung Contempt darstellt [3]). Über die Vernehmung selbst ist nichts weiter zu bemerken. Sie erfolgt durch den Chairman, der seinerseits aber auch ein Mitglied des Committee mit der Vernehmung beauftragen kann. Selbstverständlich hat jedes Mitglied des Ausschusses ein unbeschränktes Fragerecht. Sind Barristers an den Verhandlungen mitbeteiligt, z. B. als Vertreter von Privatpersonen, so können sie sich gleichfalls an der Vernehmung beteiligen, ja, im House of Lords [4]) kann ihnen die Vernehmung völlig übertragen werden [5]).

Die Zeugen können vereidigt werden [6]). Die Vereidigung erfolgt entweder im Plenum oder im Committee selbst, und zwar wird der Eid durch den Chairman oder den diesem beigeordneten

[1]) Allerdings geht der Weg der Aufklärung eventuell über die Ministerkrisis, falls die Regierung die Aufklärung verweigert.

[2]) Auf das Recht des Parlamentariers, über Vorgänge im Parlament nur mit Genehmigung des Parlaments vor Gericht aussagen zu dürfen, braucht nicht eingegangen zu werden, da dieser Satz für eine Committeeverhandlung keine Bedeutung hat. Vgl. E. May p. 583 et seq.; Halsbury vol. XIII p. 573.

[3]) E. May p. 582, 583.

[4]) Hier können Barristers als Hilfskräfte vom Ausschuß herangezogen werden. Vgl. weiter oben S. 111.

[5]) E. May p. 581.

[6]) Die Geschichte der Vereidigungsmöglichkeit interessiert nicht mehr, da die Frage heute gesetzlich geregelt ist. Vgl. aber immerhin Fromageot, Commissions politiques p. 27 s.; E. May p. 581 et seq. Heute gelten 21 and 22 Vict. c. 78; 34 and 35 Vict. c. 83; 51 and 52 Vict. c. 46; 9 Edw. VII c. 39; Standing Orders No 86, 87.

Clerk abgenommen [1]). Eine Beeidigung findet aber in der Regel bei Untersuchungen nicht statt, die zur Aufgabe haben, die Frage einer etwaigen Gesetzesänderung zu prüfen und das für diesen Zweck notwendige Material zu beschaffen, bei Enqueten also, die rein legislativen Charakter haben. Bei judiziellen Enqueten dagegen, die Verantwortlichkeiten feststellen und prüfen sollen (und hierher gehören die politischen Enqueten), ist Vereidigung die Regel. So sind die Zeugen vereidigt worden, um nur einige Beispiele zu geben, in der Jameson, der Marconi und der Putumajo Enquete [2]), nicht dagegen hat eine Vereidigung stattgefunden in dem zur Prüfung der Frage der Einführung einer Wettsteuer eingesetzten Ausschuß [3]) [4]). Die Entscheidung aber, ob die Zeugen vereidigt werden sollen oder nicht, trifft der Ausschuß, der natürlich auch einzelne Zeugen vereidigt, andere wieder unvereidigt vernehmen kann [5]).

Die falsche beeidigte Zeugenaussage wird als Meineid bestraft. Aber auch die falsche unvereidigte Zeugenaussage ist strafbar, und zwar als Contempt oder als Breach of Privilege. Die letztere Strafmöglichkeit ist auch dann gegeben, wenn ein Zeuge nicht vollständig aussagt [6]). Andererseits werden die Zeugen auch geschützt. Wer Zeugen, die vor einem Untersuchungsausschuß ausgesagt haben, mit Rücksicht auf ihre Aussagen straft, schädigt oder beleidigt, macht sich eines strafbaren Misdemeanour schuldig [7]) und ist außerdem der geschädigten

[1]) E. May p. 585.

[2]) Commons Papers 1897 vol. IX p. 41; 1912/13 vol. IX p. 321; 1913 vol. VII p. 165.

[3]) Commons Papers 1923 vol. V p 63.

[4]) Die Behauptung, eine Beeidigung erfolge in der Regel nicht, wie sie sich in der deutschen Literatur immer wiederholt findet, stimmt mithin in dieser Allgemeinheit sicher nicht. (Vgl. z. B. Jacobi, 34. Deutscher Juristentag Bd. II S. 92; Kaufman, Untersuchungsausschuß und Staatsgerichtshof S. 28 f. u. a. m.) E. May p. 583 sagt übrigens ausdrücklich: »It is not usual, however, for select committees to examine witnesess upon oath, except upon inquiries of a judicial or other special character«. Daß zu der letztgenannten Kategorie aber die politische Enquete im allgemeinen gehört, kann nicht bezweifelt werden.

[5]) Unzutreffend Kaufmann, Untersuchungsausschuß S. 28, der meint, den Ausschüssen müsse das Recht zur Vereidigung ausdrücklich übertragen werden. 34 and 35 Vict. c. 83 s. 1 ist ganz klar: »Any committee of the House may administer an oath to the witnesses examined before such committee«.

[6]) E. May p. 585.

[7]) 55 and 56 Vict. c. 64 s 2: »Every person who commits any of the following acts, that is to say, who threatens, or in any way punishes, damnifies, or injures, or attempts to punish, damnify, or injure, any person for having given evidence upon any inquiry, or an account of the evidence which he has given upon any such inquiry, shall, unless such evidence was given in bad faith, be guilty of a misdemeanour, and be liable upon conviction thereof to a maximum

Person gegenüber schadenersatzverpflichtet [1]). Das Parlament aber hat außerdem noch erklärt, daß jeder Versuch, einen Zeugen an der Aussage zu verhindern oder ihn von der Aussage abzuschrecken, von ihm als Contempt und zwar mit äußerster Strenge bestraft werde [2]).

Die Zeugenaussagen sind stenographisch zu protokollieren und werden dann gedruckt. Dabei ist es üblich, die dem Zeugen gestellte Frage wörtlich in das Protokoll aufzunehmen, das sich mithin stets aus Fragen und Antworten zusammensetzt. Vor definitiver Drucklegung wird dem Zeugen seine Aussage zur Korrektur vorgelegt. Selbstverständlich dürfen im wesentlichen nur formale Änderungen vorgenommen werden. Änderungen in der Sache bedingen erneute Vernehmung des Zeugen [3]).

Den Zeugen sind ihre Kosten zu erstatten. Zeugen aus den armen Bevölkerungsschichten können auch die entgangenen Arbeitslöhne ersetzt werden. Einzelheiten interessieren indessen nicht weiter [4]).

Wenden wir uns nunmehr dem Urkundenbeweismaterial zu, so hat der Ausschuß das Recht, alle Akten und Urkunden, deren Einsicht er für die Untersuchung für notwendig erachtet, selbständig einzufordern. Dies gilt so wohl für Akten- und Urkundenmaterial, das sich im Besitz von Behörden befindet, als auch für Urkunden, die in Privathänden sind. Es besteht mithin eine ganz allgemeine Pflicht, die mit der Zeugenaussagepflicht korrespondiert, Urkunden usw., die eingefordert werden, vorzulegen. Sollte sich eine Privatperson weigern, dieser Pflicht nachzukommen, so muß sich der Ausschuß wieder an das Haus wenden, das dann wegen Contempt zu strafen in der Lage ist [5]). Handelt es sich um amtliche Urkunden, die nur auf dem Weg

---

penalty of one hundred pounds, or to a maximum imprisonment of three months«. Diese Bestimmung findet übrigens, wie nebenbei bemerkt werden darf, auch Anwendung auf Untersuchungen durch Royal Commissions. Gleichgültig ist, ob es sich um eine eidliche oder uneidliche Aussage handelt. E. May p. 583.

[1]) 55 and 56 Vict. c. 64 s. 4.

[2]) Redlich S. 457 f.

[3]) E. May p. 482, der übrigens ausdrücklich anempfiehlt: »Where evidence has been taken upon oath, its correction should be restrained within very narrow limits«.

[4]) Vgl. dazu E. May p. 585, 586.

[5]) E. May p. 623; Commons Journal vol. 90 p. 575. Der formale Weg ist, den Widerspenstigen vor das Plenum zu laden (»they are ordered to attend at the bar of the house«). Hier können sie sich entschuldigen. Können sie dagegen keine hinreichenden Gründe für ihre Weigerung, die Urkunden vorzulegen, angeben, so können sie nunmehr bestraft werden.

einer Adresse des Hauses eingefordert werden können [1]), so muß der Chairman des Ausschusses entweder eine Adresse im Haus beantragen, oder er muß mit dem zuständigen Staatssekretär verhandeln, der dann die Papiere ohne weitere Formalitäten dem Haus vorlegen kann. Tut der Staatssekretär das nicht, so steht der Weg der Adresse offen. Auch statistisches Material und Berichte über bestimmte Fragen können auf diese Weise angefordert werden, dies jedoch nur von staatlichen und kommunalen Behörden, nicht aber von Privatgesellschaften und Privatpersonen [2]) [3]).

Es entsteht nun die Frage, ob und wie Tatbestände nachgeprüft werden können, die bereits einmal Gegenstand einer Beweiserhebung, und zwar einer gerichtlichen Beweiserhebung waren [4]), Daß die Nachprüfung prinzipiell zulässig ist, ist bereits ausgeführt. Sie erfolgt im allgemeinen so, daß die stenographischen Beweisniederschriften eingefordert werden. Daß aber die Zeugen auch nochmals vernommen werden können, unterliegt keinem Zweifel, wenngleich der Beweis über das, was der Zeuge im Prozeß ausgesagt hat, nur durch das Stenogramm geführt werden kann. Widersprechende Aussagen sind daher möglich. Da ferner von allen Behörden jegliche Akten eingefordert werden können und dieses Recht des Parlaments auch an vertraulichen Akten nicht Halt zu machen gezwungen ist [5]), so können auch die übrigen Gerichtsakten eines bestimmten Verfahrens, die allerdings nicht sehr inhaltsreichen Records und sogar die Judges' notes beigezogen werden [6]). Das Gleiche gilt von den vertraulichen gutachtlichen Äußerungen der Kronjuristen [7]), wenn allerdings der Ausschuß zur Heranziehung solcher Akten nur in Ausnahmefällen schreiten darf [8]).

Was nun die Praxis des Parlaments hinsichtlich der Beiziehung von Akten, Urkunden usw. betrifft, so gilt als Regel der Satz, daß die

[1]) Es sind das Akten in Angelegenheiten »connected with the exercise of the royal prerogative«. E. May p. 620. Das einzuhaltende Verfahren ist das gewöhnliche Verfahren bei Adresse.

[2]) E. May p. 622. Vgl. über den Begriff Return auch Wertheim, Wörterbuch des englischen Rechtes S. 483.

[3]) Vgl. weiter oben S. 117.

[4]) Daß Akten eines schwebenden Verfahrens nicht eingezogen werden können, ergibt sich aus der Unmöglichkeit, Sachen sub judice in einem Ausschuß zu verhandeln. Vgl. weiter oben S. 107. Wenn Akten gleichzeitig in einem Gerichts- und einem parlamentarischen Untersuchungsverfahren gebraucht werden, so geht das Gerichtsverfahren vor.

[5]) Vgl. weiter oben S. 117 f.

[6]) Vgl. weiter oben S. 77 f.

[7]) Attorney- und Solicitor-General.

[8]) E. May p. 330, 475; 3 H. D. vol. 149 p. 178.

Beiziehung nur bei hinreichend begründeter Notwendigkeit angeordnet wird. Will mithin eine Behörde Akten nicht vorlegen, so kann sie im Ausschuß die Vorlage verweigern unter Berufung auf dienstliche Interessen. Der Ausschuß kann sich mit dieser Erklärung zufrieden geben. Besteht er dagegen auf der Vorlage, so muß er die Sache zur weiteren Veranlassung an das Haus abgeben. Besteht dieses auf Vorlage, und gibt die Regierung nicht nach, so wird die Frage rein politisch. Es verdient aber hervorgehoben zu werden, daß, wenn politische Gründe gegen die Vorlage von Akten geltend gemacht werden, im allgemeinen der Antrag auf Vorlage der Akten zurückgezogen, vom Haus jedenfalls nicht aufrecht erhalten wird [1]).

β) Wenden wir uns nunmehr dem Verfahren zu, in dem der Ausschuß zu dem Ergebnis seiner Ermittlungen Stellung nimmt, so mag zunächst bemerkt werden, daß, falls eine Privatperson in die Untersuchung hinsichtlich ihrer vermögensrechtlichen Interessen oder ihres persönlichen Verhaltens verwickelt ist, Vertretung durch einen Anwalt möglich ist, der dann selbstverständlich vor Eintritt in die Beratung zu hören ist [2]). Ist dies geschehen, so kommt es zur Beratung, deren Ergebnis der sogenannte Report ist. Wann nun das Committee die Beweisaufnahme schließen und in die Beratung eintreten will, entscheidet es allein nach freiem Ermessen. Erachtet es nur einen Teil der Untersuchung für abgeschlossen und andererseits eine sofortige Berichterstattung hierüber für zweckentsprechend, so kann es — allerdings, falls ihm nicht von vornherein die Genehmigung erteilt ist, »to send for persons, papers, and records« nur mit Genehmigung des Hauses [3]) — einen Teilreport, den sogenannten Special Report erstatten [4]). Es können ferner die Beweis-

---

[1]) E. May p. 623 stellt die Regel auf: »However ample the power of each house to enforce the production of papers may be, a sufficient cause must be shown for the exercise of that power; and if considerations of public policy can be urged against a motion for papers, it is either withdrawn, or otherwise dealt with according to the judgment of the house«. Auch hier sehen wir also, daß eine vorsichtige, den Umständen des Einzelfalles gerecht werdende Praxis die Grenzen für Möglichkeiten bestimmt, die an sich unbeschränkt sind.

[2]) Die Privatperson kann an der Sache beteiligt sein in Hinblick auf »the private interest, character or conduct«. Die Zulassung eines Anwalts muß vom Haus beschlossen werden. Das Haus kann mit der Sache befaßt werden durch Petition des Beteiligten, durch Anregung des Committee oder durch Antrag eines Mitglieds des Hauses. Das Haus kann aber auch selbst die Initiative ergreifen und spontan das Committee anweisen, einen Anwalt zu hören. Endlich aber kann auch dem Ausschuß in der Order of reference von vornherein das Recht erteilt werden, einen Anwalt nach seinem Ermessen hinzuzuziehen. E. May p. 481. Vgl. z. B. Commons Papers 1913 vol. VII p. 96.

[3]) Standing Orders 63. Nicht ganz zutreffend Redlich S. 461.

[4]) Standing Orders 62; E. May p. 485.

protokolle bereits veröffentlicht werden, ehe der endgültige Bericht, der sogenannte Final Report, dem Haus erstattet ist[1]).

Der Report selbst hat als solcher einen doppelten Inhalt. Einmal gibt er eine Zusammenstellung der Feststellungen, die der Ausschuß auf Grund seiner Beweiserhebungen getroffen hat, das Ermittlungsergebnis mithin, zu dem er gekommen ist. Des weiteren aber zieht er aus diesen Ergebnissen diejenigen Schlußfolgerungen, die sich nach seiner Auffassung im öffentlichen Interesse als notwendig erweisen; er gibt mithin ein Urteil, das sehr wohl von der Tatsachenfeststellung zu unterscheiden ist. Der Inhalt dieser Schlußfolgerungen kann natürlich durchaus verschiedenartig sein; er bestimmt sich im wesentlichen nach der Order of Reference, da diese ja, wie wir gesehen haben[2]), den Aufgabenkreis des Ausschusses bindend festlegt. Es können mithin bestimmte Gesetzesänderungen oder auch bestimmte Verwaltungsmaßregeln vorgeschlagen werden[3]). Handelt es sich aber um die Feststellung von persönlichen Verantwortlichkeiten, so kann auch das persönliche Verhalten einer Person zum Gegenstand einer Beurteilung gemacht werden, sei es, daß es als nicht einwandsfrei einem unter Umständen sehr scharfen Tadel unterzogen wird[4]),

1) Eine derartige Erlaubnis kann auch in der Order of Reference erteilt werden. Auf dieselbe Weise kann der Ausschuß übrigens verpflichtet werden, Spezialberichte zu erstatten. Lords Journals vol. 74 p. 80; Commons Journal vol. 112 p. 282.

2) Vgl. weiter oben S. 108.

3) So lautet z. B. die Conclusion im Betting Duty Report, Commons Papers 1923 vol. V p. 15 sehr einfach: »In the opinion of Your Committee the imposition of a duty on betting is practicable«. Der Entwurf des Report, wie ihn der Chairman aufgestellt hatte, enthält eingehendere Vorschläge (p. 57), auf die indessen der Ausschuß nicht mehr zurückgreifen konnte, da die Auflösung des Parlaments bevorstand.

4) Als Beispiel einer derartigen Verurteilung diene der Bericht in der Jameson-Untersuchung, Commons Papers 1897 vol. IX p. 20 et seq.: »Conclusions: I. Great discontent had, for some times previous to the incursion, existed in Johannisburg, arising from the grievances of the Mitlanders.

II. Mr. Rhodes occupied a great position in South Africa; he was Prime Minister of the Cape Colony, and, beyond all other persons, should have been careful to obtain from such a course of action as that which he adoptet. As Managing Director of the British South Africa Company, as Director of the De Beers Consolidated Mines and the Gold Fields of South Africa, Mr. Rhodes controlled a great continuation of interests; he used his position and interests to promote and assist his policy.

Whatever justification there might have been for action on the part of the people of Johannesburg, there was none for the conduct of a person in Mr. Rhodes' position, in subsiding, organising, and stimulating an armed insurrection against the Government of the South African Republic, and employing the forces and resources of the Chartered Company to support such a revolution. He

sei es, daß es als einwandfrei unter Zurückweisung erhobener Vorwürfe bezeichnet wird [1]). Daß sich so die Reports in der Tat

seriously embarrassed both the Imperial and Colonial Governments, and his proceedings resulted in the invasion of the territory of a State which was in friendly relations with Her Majesty, in breach of the obligation to respect the right to self-government of the South African Republic under the Conventions between Her Majesty and that State. Although Dr. Jameson »went in« without Mr. Rhodes' authority, it was always part of the plan that these forces should be used in the Transvaal in support of an insurrection. Nothing could justify such a use of such a force and Mr. Rhodes' heavy responsibility remains, although D. Jameson at the last moment invaded the Transvaal without his direct sanction.

III. Such a policy, once embarked upon inevitably involved Mr. Rhodes in grave breaches of duty to those to whem he owed allegiance. He deceived the High Commissioner representing the Imperial Government, he concealed his views from his colleagues in the Colonial Ministry, and from the Board of the British South Africa Company, and led his subordinates to believe that his plans were approved by his superiors.

IV. Your committee has heard the evidence of all the Directors of the British South Africa Company, with the exception of Lord Grey, of those who were examinded, Mr. Beit and Mr. Marguire alone had cognisance of Mr. Rhodes' plans. Mr. Beit played a prominent part in the negotiations with the Reform Union; he contributed large sums of money to the revolutionary movement, and must share full responsibility for the consequences.

V. There is not the slightest evidence that the late High Commissioner in South Africa, Lord Rosmead, was made acquainted with Mr. Rhodes' plan.. The evidence on the contrary, shows that there was a conspiracy to keep all information on the subject from him. The Committee must, however, express a strong opinion upon the conduct of Sir Graham Bower, who was guilty of a grave deviation of duty in not communicating to the High Commissioner the information which had come to his knowledge. Mr. Newton failed in his duty in a like manner.

VI. Neither the Secretary of State for the Colonies nor any of the officials of the Colonial Office received any information which made them, or should have made them or any of them, aware of the plot during its development.

VII. Finally, your Committee desires to put on record an absolute and unqualified condemnation of the Raid and of the plans which made it possible. The result caused for the time being grave injury to British influence in South Africa. Public confidence was shaken, race feeling embittered, and serious difficulties were created with neighbouring States.«

[1]) Als Beispiel einer derartigen Freisprechung diene der Bericht in der Marconi-Affaire Commons Papers 1913 vol. VII p. 97 et seq.: »The allegations or suggestions which reflected on the conduct of several Ministers of the Crown ... ranged themselves under two main heads. It was stated or implied: — First, that a Member or Members of the Government, acting in the interests of Marconi's Wireless Telegraph Company, Limited, ... and in disregard of the public interests, had exercised undue influence to procure for the Company a Government contract, or had, in some way, exercised improper or undue influence, direct or indirect, in the course of the negotiations for the contract; and, secondly, that a Member or Members of the Government, with a knowledge acquired, in

einem richterlichen Urteil nach Form und Inhalt nähern, kann nicht übersehen werden. Und es beweist dies am besten den quasi judiziellen Charakter des parlamentarischen Enqueteverfahrens, das dem Verfahren vor einem Staatsgerichtshof stark ähnelt.

Der Report selbst kommt zustande auf Grund eines Entwurfes, sei es lediglich von Resolutionen, sei es eines ganzen Berichtes, den der Ausschußvorsitzende vorbereitet. Aus dem Ausschuß heraus können Gegenresolutionen oder ein Gegenentwurf aufgestellt werden. Der Entwurf wird zwei Lesungen unterzogen. In der ersten Lesung findet nur eine Generaldiskussion, in der zweiten Lesung eine Spezialdiskussion mit Abstimmungen über die einzelnen Abschnitte und Schlußfolgerungen des Berichtes statt. Hier sind Ergänzungs- und Abänderungsanträge jederzeit möglich, immer aber nur, soweit sie sich in den Grenzen der Order of Reference halten [1]). Liegen mehrere Berichtsentwürfe vor, so dient die erste Lesung zur Beantwortung der Frage, welcher der Entwürfe zur Grundlage der Beschlußfassung gewählt werden soll. Am Schluß der Verhandlung findet noch eine Gesamtabstimmung über den Bericht statt, der, falls die Abstimmung bejahend ausfällt, nunmehr als der Bericht des Ausschusses nebst dem gesamten Beweismaterial und den Protokollen über die einzelnen Sitzungen dem Haus vorgelegt wird. Liegt ein Minoritätsbericht vor, so wird auch dieser als solcher dem Haus unterbreitet. Auch können

---

his or their official capacity of the nature of the negotiations and the probability that an Agreement would be completed of great value to the English Company, during the progress of the negotiations had purchased shares in that Company with a view to selling them at a profit on the announcement of a favourable result of the negotiations....... It has been proved to the Committee that there is no foundation for any of the charges made against the Ministers. ...... No evidence has been forthcoming or disclosed to your Committee, nor have they been able to discover any evidence to support any allegation or, in any way, lend colour, to any suggestion, that any Member of the Government has or had exercised undue or any influence to procure for the English Company a Government contract, or has or had directly or indirectly sought to exercise any such influence or has or had otherwise acted in the private interests of the Company, or in disregard of the public interests.« Die Beschuldigungen werden dann im Einzelnen als unbegründet dargetan und schließlich endet dieser Teil des Berichtes mit den Worten: »The Committee cannot too strongly condemn the publication in such a way of unfounded charges against the honour and integrity of public men. The combined and persistent action of the journals named has given widespread currency to a slander of a particularly vile character on the Ministers against whom it was immediatly directed and on the whole public life of the nation.« Dieser Report war einstimmig abgefaßt, die Opposition hatte zugestimmt.

[1]) E. May p. 483 und weiter oben S. 108.

abweichende Meinungen einzelner Ausschußmitglieder bei der Berichterstattung zum Ausdruck gebracht werden [1]).

Die sämtlichen Entscheidungen sind Majoritätsentscheidungen. Hierbei ist jedoch zwischen dem House of Lords und dem House of Commons zu unterscheiden: Im House of Lords stimmt der Chairman immer mit ab, bei Stimmengleichheit gilt aber jeder Antrag als abgelehnt. Im House of Commons stimmt der Chairman nur ab, wenn Stimmengleichheit vorhanden ist [2]). Einen Stichentscheid hat der Chairman also weder in dem einen noch in dem andern Fall.

γ) Der so dem Haus unterbreitete Report ist immer nur ein Bericht des Ausschusses. Er wird nunmehr im Haus auf die Tagesordnung gesetzt und beraten. Dabei kann entweder beschlossen werden, daß das Haus dem Bericht zustimmt, oder daß es ihn ablehnt. Es kann aber auch der Bericht ganz oder teilweise an den Ausschuß zurückgewiesen werden, und es kann hierbei auch die Order of Reference geändert oder ergänzt werden. Endlich können sich die beiden Häuser auch ihre Berichte gegenseitig zur Kenntnisnahme unterbreiten. Endlich kann aber das Haus auch die Konsequenzen ziehen, die sich aus dem Bericht ergeben. So können auf Grund eines Berichtes Gesetzentwürfe ausgearbeitet und dem Haus unterbreitet werden, oder es kann das Haus in Form von Resolutionen Wünsche der Regierung unterbreiten, die in Einklang mit den Untersuchungsergebnissen stehen [3]). Endlich kann auch die Regierung, ohne auf die Initiative des Parlaments zu warten, ihrerseits Maßnahmen vorschlagen oder durchführen, die sich auf Grund des Berichts als notwendig oder zweckentsprechend erweisen. Aber man beachte sehr wohl: während der Verhandlungen im Ausschuß hat die Regierung keinerlei Möglichkeit, einzugreifen, da die Unabhängigkeit der Ausschußuntersuchung nicht in Frage gestellt werden soll. Ihre Mitglieder oder die Beamten eines Department haben, und dies auch nur auf Verlangen des Ausschusses, lediglich, die Möglichkeit, als Zeugen gehört zu werden. Die einzelnen Minister selbst haben mithin im Ausschuß nur diejenigen Rechte und Möglich-

---

1) E. May p. 484; Redlich S. 460 f.

2) E. May p. 478, 479, der die Regel des House of Lords: »Semper praesumitur pro negante« und die des House of Commons hervorhebt, »that, according to the established rules of Parliament, the chairman of a Select Committee can only vote when there is an equality of votes.«

3) E. May p. 488; Standing Orders Lords 51. Daß das Parlament dem Ausschußbericht gegenüber ganz frei dasteht, ändert nichts an der Tatsache, daß sich seine Entscheidung nur mit den Schlußfolgerungen befassen kann, zu denen der Entwurf auf Grund des gesammelten Tatsachenmaterials gekommen ist.

keiten, die sie als Mitglieder des Hauses haben. Erst wenn der Ausschuß seine Arbeit abgeschlossen hat, erlangt die Regierung freie Hand, wie auch jetzt erst, worauf ich bereits früher hingewiesen habe, auf die Ausschußverhandlungen und Ausschußergebnisse in der Debatte des Parlaments zurückgegriffen werden kann [1]). Daß ein Report erst veröffentlicht werden kann, wenn er dem Haus vorgelegt ist, haben wir bereits früher bemerkt [2]).

c) Einige kurze Bemerkungen mögen schließlich noch über die Joint Committees gemacht werden. Daß sich beide Häuser über die Order of Reference einigen müssen, da sonst ein Joint Committee überhaupt nicht tätig werden kann, liegt auf der Hand. Daß bei Abstimmungen die Regeln des House of Lords maßgebend sind, ist ohne weitere Bedeutung [3]). Der Bericht ist beiden Häusern vorzulegen, und zwar je durch ein Mitglied des betreffenden Hauses. Welche Folgerungen die in ihren Entschließungen von einander durchaus unabhängigen Häuser aus dem Report zu ziehen beabsichtigen, steht in ihrem freien Ermessen, wie denn überhaupt die Zusammenarbeit in dem Moment aufhört, in dem der vereinigte Ausschuß seine Arbeit beendet hat.

§ 6. III. Die rechtsvergleichenden Ergebnisse.

I. Haben wir so im einzelnen eine Darstellung der englischen Rechtszustände in der uns interessierenden Frage der Beziehungen zwischen Parlament und Gericht zu geben versucht, Rechtszustände, die, wie ich wiederholt erwähnen möchte, niemals aus dem abstrakten Rechtssatz für sich allein betrachtet, sondern nur aus der Praxis, d. h. aus der Anwendung des Rechtssatzes auf den Tatbestand [4]) begriffen und bewertet werden können, so haben wir nunmehr in Kürze die rechtsvergleichenden Ergebnisse unserer Untersuchungen zusammenzufassen, d. h. das Ergebnis der englischen Dogmatik den Vorschriften des deutschen Rechtes gegenüberzustellen.

II. 1. Beginnen wir hier mit dem Ausgangspunkt unserer Darstellung des englischen Rechtes, der Unabhängigkeit der englischen Rechtsprechung und ihrer Garantie durch die gewährleistete persönliche Unabhängigkeit der Richter, so haben wir festgestellt, daß die

---

1) E. May p. 486.

2) Vgl. weiter oben S. 115.

3) E. May p. 488—490.

4) Daß bei der Freiheit der Entscheidung, wie wir sie weitgehend im englischen Recht antreffen, die Wertung des Tatbestandes durch den Richter eine sehr bedeutungsvolle Rolle spielt, darf bei Beurteilung der englischen Rechtsprechung niemals übersehen werden.

Idee der Unabhängigkeit in funktioneller Hinsicht in England nicht anders gilt als bei uns, und zwar auch als ein oberster Staatsgrundsatz des staatlichen Lebens. Was weiter die persönlichen Garantien eben dieser Idee betrifft, so scheidet sich das englische Recht sehr wesentlich von dem deutschen, indem es auf der einen Seite Garantien, die uns als unentbehrlich erscheinen, nicht allgemein zuläßt, indem es auf der anderen Seite Garantien kennt, die dem deutschen Recht fremd sind. In erster Linie ist darauf hinzuweisen, daß das Prinzip der Unabsetzbarkeit konsequent nur für die hohen Richter, die Grafschaftsrichter und die Recorders, nicht aber auch für die Friedensrichter und die Polizeirichter durchgeführt ist. Das englische Recht kennt mithin im schroffen Gegensatz zum deutschen Recht unabsetzbare Richter und Richter, die jederzeit absetzbar sind. Und es verdient Beachtung, daß auch die Hilfsrichter [1]), die man in England in weitem Umfang beschäftigt, nicht unabsetzbar, sondern jederzeit absetzbar sind [2]). Ein derartiger Rechtszustand scheint uns beinahe unbegreiflich. Allein er steht im engsten Zusammenhang mit der Tatsache, daß die Friedensrichter Laienrichter sind, die, da sie nicht durch einen mitwirkenden gelehrten und beamteten Richter in ihrer Praxis kontrolliert werden, ganz selbstverständlich nicht so behandelt werden und gesichert sein können, wie der beamtete Richter. Wenn nun aber auch die Polizeirichter jederzeit absetzbar sind, obwohl sie gelehrte und beamtete Richter sind, so mag sich dies zum Teil historisch aus der Tatsache erklären lassen, daß die Polizeigerichte aus den Friedensgerichten hervorgegangen sind [3]). Andererseits ist aber die Praxis eine durchaus restriktive, so daß tatsächlich Absetzungen von Polizeirichtern ohne sehr triftigen Grund nicht vorkommen. Und gerade hier ist es das Parlament, das eine Idee schützt, auch wenn sie im Statut keine ausdrückliche Garantie gefunden hat. Es würde daher keine Regierung wagen können, willkürliche Absetzungen von Friedens- und Polizeirichtern vorzunehmen. Nicht nur die Opposition, sondern das Parlament als solches würde den Rechtsgedanken der Unabhängigkeit der Rechtsprechung zweifellos mit Entschieden-

[1]) Vgl. z. B. Gerland S. 522.

[2]) Vgl. 3 H. D. vol. 175 p. 1061—1063. Es handelt sich hier um einen Hilfsrichter eines Recorder, der, frei absetzbar, für jede Sitzungsperiode des Gerichtes neu bestellt wird. Dieser Hilfsrichter war zur Zeit der Anfrage bereits 6 Jahre tätig und hatte, was den Umfang seiner Amtstätigkeit doch als sehr bedeutend erscheinen läßt, etwa 3000—5000 Angeklagte innerhalb dieser Zeit abgeurteilt.

[3]) Vgl. Gerland S. 104 ff.

heit vertreten. So ist der Unterschied zwischen dem deutschen und dem englischen Recht in dieser Beziehung tatsächlich kein so großer, wie er nach dem Wortlaut des Gesetzes zu sein scheint [1]). Daß aber immerhin ein Unterschied besteht, der allerdings zum Teil seinen Grund in der ganz verschiedenen Gerichtsorganisation beider Länder findet, kann nicht geleugnet werden.

Und ein weiterer Unterschied besteht auch hinsichtlich derjenigen Bestimmungen, mit denen das englische Recht seinen Richtern einen Schutz verleiht, den das deutsche Recht nicht kennt [2]). Ja, mir will bedünken, daß dieser Unterschied bedeutungsvoller, namentlich im Hinblick auf das, was wir von England lernen können, ist als der zuerst hervorgehobene. Hier verleiht — es darf kurz rekapituliert werden, ohne daß Einzelheiten erwähnt werden könnten — das englische Recht seinen Richtern einmal einen weitgehenden Schutz gegenüber Ansprüchen, die auf Amtshandlungen der Gerichte beruhen, ferner einen ebenfalls sehr weitgehenden Schutz gegen öffentliche Angriffe in Hinblick auf die richterliche Amtsausübung. In dieser Beziehung glaube ich, können wir viel vom englischen Recht lernen. Denn der Versuch, die Unabhängigkeit der Gerichte der Öffentlichkeit gegenüber sicherzustellen, ist um so beachtenswerter, je stärker die Möglichkeiten sind, die der Öffentlichkeit zur Verfügung stehen. Dabei ist, wenn wir den Schutz gegenüber zivilrechtlicher Haftbarmachung aus richterlichen Handlungen als weniger bedeutungsvoll beiseite lassen wollen, sehr wohl zu beachten, daß der Schutz, den das englische Recht seinen Gerichten gewährt, keineswegs die Kritik an den Gerichten unmöglich macht. Das, was verhindert werden soll *und verhindert wird*, ist die Gerichtsverleumdung. Und ich vermag keinen Grund einzusehen, warum wir in dieser Beziehung nicht von einem Lande lernen sollen, das, da es die Pressefreiheit weit früher als wir eingeführt hat, uns auch ein Beispiel für die Methode sein könnte, mit der man Auswüchse der Pressefreiheit verhindern kann. *Denn daß der Auswuchs irgendeines Prinzipes eben des Prinzips halber geschont werden müßte, ist ein so absurder Gedanke, daß er ernsthafter Widerlegung nicht wert ist.* Und hier wie auch sonst sehen wir, wie der ganz auf das Leben, damit denn auch auf das Staatsleben und seine Ermöglichung eingestellte Sinn der Engländer [3])

[1]) Vgl. Gerland S. 816 ff.

[2]) Vgl. weiter oben S. 52 ff.

[3]) Ganz ohne eine gewisse soziologische Wertung der englischen Volkspsyche kommt man bei der Behandlung des englischen Rechtes und dem Versuch, es zu begreifen, nicht aus. Wenn ein Recht nur aus dem Volks-

niemals ein Prinzip als Selbstzweck behandelt und sich damit in eine Ideologie verrennt, vor der in der Tat Vernunft Unsinn und Wohltat Plage wird. Man übersehe endlich allerdings aber auch nicht, daß dem Schutz der Gerichte vor der Öffentlichkeit ihre starke Überwachung durch die Öffentlichkeit korrespondiert, wie wir sie in der Justizaufsicht verwirklicht finden, die das Parlament über die Rechtspflege des Landes auszuüben berechtigt und verpflichtet ist.

2. Wenden wir uns dieser allgemeinen Justizaufsicht zu, die das englische Parlament ausübt, so lasse ich dahingestellt, ob in Deutschland dem Parlament auch, entstammend aus dem allgemeinen Recht auf Kontrolle, eine allgemeine Kontrolle der Ausübung der Rechtspflege zusteht, eine Frage, die wir indessen, wie man sich erinnern wird, unbedingt bejaht haben [1]). Jedenfalls ist eine Justizaufsicht, wie man sie in Deutschland bei der Ausarbeitung der Verfassung gesetzlich festlegen wollte [2]), in England unbestrittenermaßen ein Teil der Aufgaben, die dem Parlament zustehen, ohne daß irgendwie die Unabhängigkeit der Gerichte darunter zu leiden hätte [3]). Allerdings ist diese Justizaufsicht in doppelter Hinsicht verschieden von den Justizaufsichtsfunktionen deutscher Parlamente, und es handelt sich dabei um zwei Verschiedenheiten, deren innerer Zusammenhang, ja, deren innere Bedingtheit zueinander wenigstens in historischer Hinsicht nicht übersehen werden darf. Einmal ist das englische Parlament Disziplinargericht über die englischen Richter, und zwar hinsichtlich der hohen Richter das allein zuständige Disziplinargericht mit einer ausschließlichen Zuständigkeit [4]). Andererseits ist in der parlamentarischen Debatte der Angriff gegen den Richter, die Kritik seines dienstlichen und außerdienstlichen Verhaltens untersagt, wenn nicht Sachanträge im einzelnen Fall gestellt werden, die sich auf die Person oder die Tätig-

geist heraus verstanden werden kann, so ist es das englische. Seine Übertragung auf fremde Verhältnisse ist daher so ungeheuer schwierig. Denn nicht, weil das englische Volk frei ist, ist es groß, sondern es ist groß und stark, weil es versteht, von seiner Freiheit einen durch die Praxis beschränkten, weisen und taktvollen Gebrauch zu machen.

[1]) Vgl. weiter oben S. 17.

[2]) Vgl. Rosenberg, 34. Deutscher Juristentag Bd. I S. 11 und Verhandlungen der Deutschen Nationalversammlung; Drucksache Nr. 391 S. 263.

[3]) Die Ausführungen von Preuß und Zweigert bei den Verhandlungen über den Antrag Cohn halte ich für übertrieben. Vgl. vorstehende Anmerkung.

[4]) Es darf daran erinnert werden, daß diese Ansicht nicht unbestritten ist. Nach einer abweichenden Auffassung soll die Regierung selbständige Disziplinarmöglichkeiten haben. Vgl. Todd vol. II p. 857—860 und weiter oben S. 44 f.

keit eines bestimmten Richters beziehen. So richtig und nachahmenswert mir nun auch in dieser zweiten Hinsicht das englische Parlamentsrecht erscheint, ein Recht, das sich im Anschluß an die auf Statut beruhenden Disziplinarbefugnisse des Parlaments entwickelt hat, so unmöglich ist es, etwa in Hinsicht auf die parlamentarischen Disziplinarbefugnisse das englische Recht als Vorbild für uns aufzustellen. Die englische Einrichtung des parlamentarischen Disziplinarverfahrens über Richter steht und fällt mit dem Zweikammersystem und die dadurch gegebene Zweiinstanzen-Möglichkeit[1]). Ist schon durch die Tatsache, daß im House of Lords der Parteigedanke nicht mit derselben Schärfe zum Ausdruck kommt[2]) wie im House of Commons, eine gewisse Garantie für eine unparteiische Durchführung des Disziplinarverfahrens gegeben, so bringt es die Tatsache der Zweiinstanzen überhaupt mit sich, daß Parteiwillkür ausgeschlossen ist. Man braucht ja nur zu bedenken, um die Richtigkeit dieser Behauptung zu erkennen, daß in den beiden Häusern hinsichtlich der Parteien verschiedene Majoritäten bestehen können. So ist die in England dem Parlament zugewiesene Machtbefugnis auf deutsche Verhältnisse unübertragbar, da wir kein Zweikammersystem haben, und da, ausgeübt von einem Haus, diese Parlamentsjustiz in der Tat gefährlichste Parteijustiz sein würde.

Noch in einer anderen Hinsicht unterscheidet sich die parlamentarische Justizaufsicht in England von der in Deutschland, hier allerdings aber nur der Ausübung, nicht dem Recht, nicht der Möglichkeit nach. Nach englischem Parlamentsrecht sind rechtshängige Sachen dem Zugriff des Parlaments entzogen. Das ist, wie man sagen muß, leider bei uns nicht der Fall. Selbstverständlich kann aber auch in England die gerichtlich erledigte Sache wieder vom Parlament aufgegriffen werden. Nicht das Urteil eines Gerichtes, sondern das Befaßtsein eines Gerichtes mit einer Sache schließt mithin die Tätigkeit des Parlaments aus. Und man kann den ganz allgemeinen Satz für das Parlamentsrecht Englands aufstellen, daß Gerichtstätigkeit Parlamentstätigkeit hindert. Daß hierdurch in bezug auf parlamentarische Untersuchungen Schwierigkeiten entstanden seien, läßt sich

---

[1]) Vgl. hierzu weiter oben S. 84f.

[2]) Interessant ist, daß in dem wiederholt erwähnten Fall der Ernennung des Mr. Justice Collier Gladstone im House of Commons nur mit einer ganz geringfügigen Minorität siegte, während es das House of Lords, in dem die Tories die Mehrheit hatten, einstimmig ablehnte, auf die Angelegenheit einzugehen. 3 H. D. vol. 209 p. 757.

nicht nachweisen. Denn entweder ist das Interesse an der öffentlichen Untersuchung wirklich begründet: dann wird es dadurch nicht berührt, daß die Untersuchung wegen eines schwebenden Prozesses nicht sofort, sondern, wie z. B. beim Jameson Raid [1]), erst geraume Zeit nach den zu untersuchenden Ereignissen durchgeführt werden kann. Oder der eigentliche Zweck der Untersuchung verliert mit der Zeit seine Bedeutung; dann war ein begründetes Interesse an einer Untersuchung in Wahrheit kaum vorhanden. Allerdings darf man aber auch nicht übersehen, was in Hinblick auf die Möglichkeiten der Strafverfolgung von ausschlaggebender Bedeutung ist, daß in England kein Legalitätsprinzip herrscht, einige Ausnahmen, die aber gerade in diesem Zusammenhang nicht interessieren, abgesehen [2]). Da nun die bloße Möglichkeit eines Gerichtsverfahrens das parlamentarische Eingreifen in England, wie wir gesehen haben [3]), nicht hindert, so kann das Parlament vor Begründung der Rechtshängigkeit eingreifen. Und wenn es dies getan hat, so wird jedenfalls im allgemeinen kein Strafverfahren eingeleitet werden, so lange die parlamentarische Untersuchung schwebt. Jedenfalls würden die polizeilichen Dienstbehörden und die offiziellen Anklagebehörden ihrerseits niemals vorgehen, solange die Sache beim Parlament schwebt. Denn der Rücksichtnahme auf das, was sub judice ist, entspricht die Rücksichtnahme auf das, was sub Parlament ist. Kollisionen mit Gerichtsverfahren, wie wir sie in Deutschland erlebt haben [4]), sind mithin für englische parlamentarische Untersuchungen ausgeschlossen, und hierin scheint mir ein unleugbarer Vorzug des englischen Rechtes gegenüber dem deutschen Recht zu liegen. Bedenken, die man bei uns gegen den englischen Standpunkt ausgesprochen hat [5]), scheinen mir nicht gerechtfertigt zu sein, und die Auffassung, die man bei uns vertritt, daß alle Staatstätigkeiten prinzipiell gleichberechtigt seien, so daß bei einer Kollisionsmöglich-

---

[1]) Vgl. weiter oben S. 107.

[2]) So bei Mord, Münzdelikten, Wahldelikten. Vgl. Gerland S. 869 f.

[3]) Vgl. weiter oben S. 75 f.

[4]) Man denke an den bekannten Barmatprozeß.

[5]) Wenn Jacobi, 34. Deutscher Juristentag Bd. II S. 86 ff., meint, es ginge nicht an, die Untersuchungen solange hinauszuzögern, weil dringende Verwaltungsmaßnahmen sonst verhindert werden könnten, so ist zu beachten, daß der Gedanke des sub judice natürlich nur so verstanden werden kann, daß es derselbe historische Tatbestand sein muß, der vor Gericht und im Parlament für die Entscheidung bedingend ist. Wird A. eines Diebstahles angeklagt und beschwert er sich darüber, daß ihm auf der Polizei keinerlei Möglichkeit gegeben war, sich mit seinen Freunden usw. in Verbindung zu setzen, so ist eine Untersuchung über die letzte Behauptung sicher nicht identisch mit der gerichtlichen Untersuchung über den Diebstahl.

keit der Staatszweck und das Staatsinteresse [1]) darüber zu entscheiden habe, welcher Staatstätigkeit im einzelnen der Vorrang zu gewähren sei, trifft für das englische Rechtsleben jedenfalls nicht zu. Hier geht die Gerichtstätigkeit jeder anderen Staatstätigkeit unbedingt vor. Der Gedanke der Suprematie des Rechtes, den wir früher als eine der Grundideen des englischen Rechts kennengelernt haben [2]), setzt sich auch hier durch [3]).

3. Wenden wir uns nunmehr dem parlamentarischen Enqueterecht in England zu, mit dem ja die letzten Ausführungen bereits im engsten Zusammenhang stehen, so ist hier zunächst ein grundlegender Unterschied zwischen dem deutschen und dem englischen Recht zu konstatieren. Im deutschen Recht prävaliert der Gedanke des Minoritätenschutzes, im englischen Recht der Gedanke, daß Minoritäten niemals das Recht haben, bestimmenden Einfluß auf den Gang der Geschäfte zu gewinnen. In England steht der Ausbau der parlamentarischen Einrichtung unter dem Staatsgedanken, in Deutschland unter dem Individualgedanken [4]). In England gibt es nur einen Staatswillen, das ist der Majoritätswille. In Deutschland muß der Staatswille auf den Willen der Minorität Rücksicht nehmen, d. h. zu seinen Gunsten unter Umständen abdanken. Wohin das führt, wenn die Minorität die parlamentarische Untersuchung jederzeit erzwingen kann, haben wir, namentlich in den Enqueten der Länder, zur Genüge gesehen [5]). Und ich stehe nicht an, dem englischen Vorbild

1) So Alsberg, 34. Deutscher Juristentag Bd. I S. 359.

2) Vgl. weiter oben S. 33.

3) Es darf nicht übersehen werden, daß das englische Recht inhaltlich durchaus konform den Vorschlägen Rosenbergs, 34. Deutscher Juristentag Bd. I S. 28 und dem im Reichstag gestellten Antrag Kahl und Genossen ist. Letzterer lautete: »Das Verfahren« (eines parlamentarischen Untersuchungsausschusses) »ist auszusetzen, wenn bei oder nach seiner Eröffnung wegen des gleichen Tatbestands ein Untersuchungs- oder Strafverfahren anhängig ist oder wird, bis dasselbe rechtskräftig erledigt ist.« Verhandlungen des deutschen Reichstages, 1924, Reichstagsdrucksache Nr. 2050.

Wenn Jacobi, 34. Deutscher Juristentag Bd. II S. 89 dem gegenüber meint, daß in England ein zeitlicher Vorrang des Gerichtsverfahrens vor der parlamentarischen Untersuchung nicht vorgesehen sei, so stimmt das nicht für Sachen, die sub judice sind, da hier eine parlamentarische Untersuchung gar nicht eingeleitet werden kann. Tritt die Rechtshängigkeit erst während der letzteren ein, so kann die parlamentarische Enquete nicht fortgesetzt werden.

4) Daß hier nur von ganz allgemeinen Grundgedanken die Rede ist, darf, um Mißverständnissen vorzubeugen, ausdrücklich hervorgehoben werden.

5) Vgl. z. B. Thüringen, Landtag 1924—1927, Stenographische Berichte 28, 87, 212, 391, 1492, 1528, 1583, 1871, 1945, 1983, 4067, 4207, 4538, 4631, 4688, 5931, 7233, 7234, 7265 und an anderen Stellen mehr.

in dieser Beziehung unter allen Umständen den Vorzug zu geben. Wenn denn schon das Parlament aus seiner Reserve heraustreten will, um in die doch eigentlich der Exekutive vorbehaltenen Gebiete einzugreifen, wenn es Eingriffe vornehmen will, die doch auch unter Umständen finanziell recht fühlbare Folgen nach sich ziehen, so soll ein so entscheidender Schritt nur möglich sein, wenn die Mehrheit des Parlaments ihn tun will. Wenn aber jede Minorität, ohne irgendwelches Risiko an Prestige usw. zu laufen, aus Gründen einfacher Demagogie jederzeit in der Lage ist, kostspielige, langwierige und oft auch noch recht überflüssige Untersuchungen erzwingen zu können, so scheint mir eine derartige Möglichkeit dem tiefsten und letzten Wesen des Parlamentarismus, dessen englische Ausgestaltung in Deutschland weitgehend unbekannt ist [1]), nach keiner Weise hin zu entsprechen. So sollten wir auch bei uns dazu kommen, aus dem Minoritätsrecht der parlamentarischen Enquete ein Majoritätsrecht zu machen [2]). Dann könnte auch sachlich über die Notwendigkeit und die Aufgabe der Enquete verhandelt werden, und man sollte die weittragende politische Bedeutung einer solchen Verhandlung nicht unterschätzen, die es in ernsthaften Fällen einer Majorität geradezu unmöglich machen dürfte, eine von der Minorität verlangte Enquete grundlos abzulehnen.

Wichtiger indessen als das Vorstehende dürfte vielleicht das Folgende sein: In Deutschland sind parlamentarische Enqueten tatsächlich etwas Neues. Wir sind nun zu ihnen gekommen, und wir haben von der neuen Möglichkeit beherzt Gebrauch gemacht, merkwürdigerweise just zu einer Zeit, da man in England immer mehr von der parlamentarischen Untersuchung abgekommen ist. Denn es kann keinem Zweifel unterliegen, daß die englische Entwicklung der Gegenwart den parlamentarischen Untersuchungen nicht günstig ist. Dies beweist einmal das ständige Vordringen der Royal und Departmental Commissions auf dem Gebiet der sachverständigen Untersuchung, aber auch auf anderen, und zwar auch auf rein politischen Gebieten [3]). Das beweist aber vor allem die Einrichtung der Tribunals of Enquiry [4]), deren Zweck mir von kompetentester Seite dahin charakterisiert wurde,

[1]) Die englische Auffassung vom Wesen, den Methoden und der damit verbundenen Beschränkung des Parlamentarismus sollte bei uns eingehender studiert werden!

[2]) So Alsberg, 34. Deutscher Juristentag Bd. I S. 370. Dagegen allerdings sofort auf das bestimmteste Jacobi, ebendort Bd. II S. 105.

[3]) Ich darf an die Regierungsuntersuchung im Franc Case erinnern. Vgl. weiter oben S. 97.

[4]) Vgl. weiter oben S. 100f.

man wolle Untersuchungen von allgemeinem Interesse, von politischer Bedeutung dem Parteigetriebe entziehen und die Entscheidung in solchen Fragen unabhängigen Männern übertragen, die ihre Aufgabe im Sinne einer wirklichen Richtertätigkeit zu erfüllen hätten [1]). Die Entwicklung in England bewegt sich mithin in einer der deutschen Entwicklung entgegengesetzten Richtung, wenn für entscheidende, politische Fragen auch immer noch die Möglichkeit der parlamentarischen Untersuchung offen steht. Daß aber auch die Untersuchung durch ein Tribunal of Enquiry einen gewissen, wenn auch beschränkten parlamentarischen Charakter hat, ergibt sich aus der bedeutungsvollen Doppeltatsache, einmal, daß ein Tribunal auf Grund parlamentarischer Initiative eingesetzt werden kann, ferner, daß gegen den Willen des Parlaments eine derartige Enquete unmöglich ist. — In Deutschland haben wir, rechtlich betrachtet, zurzeit keine solche Möglichkeit [2]). Es sollte aber auch nach dieser Richtung hin das englische Vorbild mit Aufmerksamkeit beachtet werden. Denn da England seine Erfahrungen mit parlamentarischen Enqueten seit langem gemacht hat und gerade von der parlamentarischen zu der gerichtlichen Enquete gekommen ist — denn die Enquete durch ein Tribunal of Enquiry ist eine gerichtliche Enquete —, müssen wir in Deutschland dann wirklich erst selbst die nötigen Erfahrungen sammeln, um schließlich doch auch nur dahin zu kommen, wohin man in England heute gelangt ist? Und man übersehe bei dieser Frage nicht: Nicht das Prinzip der öffentlichen Untersuchung, sondern nur ihre Methode ist es, die hier zur Entscheidung steht.

Was nun das Verfahren und die Zusammensetzung der parlamentarischen Untersuchungsausschüsse anbelangt, so ist nur Weniges zu bemerken. Beachtenswert halte ich im englischen Recht die scharfe Bindung des Ausschusses an die durch das Plenum erteilte Aufgabe, also an die Order of Reference [3]) [4]). Richtig erscheinen mir

---

[1]) Daß der echt englische Gedanke des Einzelrichters dabei in den Vordergrund tritt, mag hervorgehoben werden.

[2]) Die Erledigung der Phöbusangelegenheit ist nur deshalb nicht in einem Untersuchungsausschuß erfolgt, weil die Auflösung des Reichstages vor der Türe stand. Vgl. die Stenographischen Berichte der Sitzung vom 27. 3. 1928, S. 13812 ff., insbesondere auch S. 13828.

[3]) Hierauf weist auch besonders hin Redlich S. 461 f.

[4]) Vorgänge, wie sie Leidig, 34. Juristentag Bd. II S. 132, schildert, wonach ein Untersuchungsausschuß seine Tätigkeit auf Veranlassung der Regierung aus eigener Machtvollkommenheit ausgedehnt hat, wären in England einfach undenkbar, um so undenkbarer, als die Regierung in die Ermittlungstätigkeit des Ausschusses einzugreifen überhaupt nicht befugt ist. Vgl. weiter oben S. 126.

auch die Machtvollkommenheiten, die die englischen Ausschüsse hinsichtlich der Vereidigungs- usw. Möglichkeiten besitzen. Daß der direkte Zwang, wie er in der Bestrafung renitenter Zeugen usw. zum Ausdruck kommt, dem Plenum übertragen ist, erscheint mir dagegen nicht praktisch zu sein. Andererseits dürfte in der Frage des Zeugen- und Dokumentenbeweises mancherlei aus dem englischen Recht zu lernen sein, wie denn überhaupt das ganze Verfahren in den Enqueteausschüssen vom englischen Parlamentsrecht durchaus zweckentsprechend geregelt ist. Ich erinnere z. B. an die Heranziehung von Anwälten, wenn Privatpersonen in die Untersuchung verstrickt sind u. a. m. [1]). Aber das sind Einzelheiten, die hier nicht gegenübergestellt zu werden brauchen. Wer unsere Ausführungen über das englische Verfahren aufmerksam gelesen hat, wird ohne weiteres selbst in der Lage sein, zu vergleichen und damit zu bewerten. Immer aber wird er wieder auf eine Grundtatsache des englischen Parlamentslebens stoßen, die tatsächlich alles beherrscht. Beinahe unbeschränkte Möglichkeiten stehen dem Parlament zur Verfügung, die eine weise, taktvolle Praxis des Parlaments auf das Notwendigste beschränkt. Das Wesen aber des englischen Parlamentarismus besteht in seiner Praxis, nicht in seinem Recht. Sein Recht, das ist, was er sein kann, seine Praxis, das ist, was er sein will. Alle jene großen Beschränkungen der parlamentarischen Betätigung in Hinblick auf die Überwachung der Rechtspflege, Beschränkungen, deren grundlegende Bedeutung augenfällig ist, sie gelten nur, solange sie das Parlament will, sie sind ohne jede verpflichtende Bedeutung in dem Augenblick, wo sie das Parlament oder, sagen wir, die Majorität im Parlament oder, sagen wir, die Partei nicht mehr will. Aber das Parlament will sie, will sie dauernd, und der Staatsgedanke setzt sich in der parlamentarischen Praxis mit einer Elementarkraft und Dauerhaftigkeit durch, vor der man nur Hochachtung haben kann. Ob hier mit neuen Zeiten neue Methoden aufkommen werden, die für die Weiterentwicklung des englischen Parlamentarismus verhängnisvoll werden müßten, mag dahingestellt bleiben. Wahrscheinlich ist es nicht in Anbetracht des Gefühles für Tradition, das dem Engländer nun einmal eignet. Mag daher auch für England wie überall eine neue Zeit anbrechen: Ungebrochen steht auch heute das Größte da, was das englische Volk in seiner Geschichte zu entwickeln verstanden hat, der Commonsense der Einzelnen, der in seiner Gesamtheit das ausmacht, was man das Staatsgefühl eines Volkes nennen kann.

---

[1]) Vgl. weiter oben S. 113 ff.

Und zum mindesten heute noch gelten die schönen, von uns bereits früher erwähnten Worte, mit denen ich diese Ausführungen schließen möchte, Worte, die jedes Parlament, englisch oder nichtenglisch, zum Grundgedanken seiner Politik machen sollte [1]): »The powers of this House« (i. c. of the House of Commons) »are without limit; but they are limited by our own sense of discretion, and guided by the precedents of former generations« [2]).

---

[1]) Sehr mit Recht hat Jacobi, 34. Deutscher Juristentag Bd. II S. 106, darauf hingewiesen, daß die ganze Frage der Beziehungen zwischen Parlament und Gericht zum größten Teil eine Frage des parlamentarischen Taktes ist.

[2]) 3 H. D. vol. 164 p. 435; Todd vol. I p. 584.

Kolibri 360 GmbH
Ferdinand-Jühlke-Straße 7
99095 Erfurt, Deutschland
produktsicherheit@kolibri360.de